Hoe verhandel je een range?

Handel in de meest interessante markt ter wereld

Nederlandse vertaling vanuit het Duits: Heidi Geuns

Heikin Ashi Trader

DAO PRESS

Inhoudsopgave

1. Inleiding in de range trading

Traders delen de marktfasen graag op in trendfasen en "trendloze" fasen. Het lijkt er dan op dat er vooral veel geld te verdienen valt in de trendfasen en dat de trendloze markten gemeden moeten worden omdat hier geen geld te verdienen valt.

Deze opvatting is het logische gevolg van een tradingfilosofie die het gedrag van financiële markten bekijkt vanuit het voorkomen van trends. Volgens mij is dit een visie waar we ons vragen bij moeten stellen. Wat traders op de grafieken als "trends" aanzien, zijn vaak niet meer dan anomalieën die eerder zelden voorkomen.

De regel is wel dat financiële markten zich voornamelijk in trendloze zones bevinden, die niet duidelijk gedefinieerd zijn. Alsof de marktspelers op zo'n momenten een afwachtende houding aannemen. Maar ook hier veranderen de contracten van eigenaar, wat in ieder geval wat beweging kan veroorzaken. Toch volstaan deze transacties niet om een noemenswaardige beweging te starten die als "trend" kan worden geïdentificeerd.

Er wordt zoals altijd gekocht en verkocht, maar aan prijzen waarover de marktspelers het min of meer eens lijken te zijn. Toch vind je ook hier highs en lows, maar deze blijven zo binnen de perken dat ze op de grafiek geïdentificeerd kunnen worden. Deze extremen vormen dan de laagste of hoogste prijzen die de marktdeelnemers bereid zijn om te betalen. Als deze extremen worden bereikt, dan stelt de waarnemer vast dat de markt maar al te graag 180° draait om in de richting van de andere extreme waarde te gaan lopen.

In het vakjargon van de traders wordt in dit geval gesproken van een **zijwaartse markt** of een **trading range**. Aangezien de meeste traders zich richten op trends, vermijd je best dergelijke marktfasen of vereffen je je posities zodra de markt overgaat in een dergelijke fase. En dan moet je afwachten tot het volgende "signaal". Deze traders hopen dat de markt weer in beweging komt en de vorige trend weer opneemt.

Deze denkwijze wil ik in geen geval bekritiseren. Het is een gerechtvaardigde en in bepaalde omstandigheden ook winstgevende handelsfilosofie die natuurlijk vooral goed functioneert wanneer de markten zich werkelijk overwegend in trendfasen bevinden. Maar als deze uitblijven, hebben trendtraders het natuurlijk moeilijk om hun doelen te behalen.

Om deze problematiek wat meer in detail weer te geven, volstaat een eenvoudige blik op de daggrafiek van het valutapaar EUR/USD.

Afbeelding 1: EUR/USD, daggrafiek, mei 2015 - oktober 2016

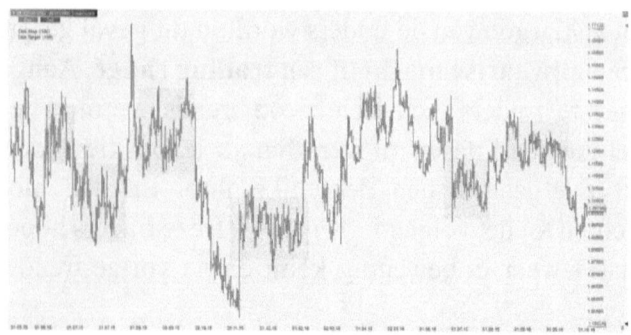

Deze afbeelding geeft de handel weer van de EUR/USD over een periode van zo'n 16 maanden. In deze periode deden zich ongetwijfeld trendbewegingen voor naar beneden en naar boven, die winstgevend verhandeld konden worden. Maar als je wat beter kijkt, zie je dat het paar zich meestal niet in de trendbeweging bevond, maar gewoon zijwaarts liep.

Enkele van deze zijwaartse fasen heb ik geel gemarkeerd op de grafiek. Als je het aantal handelsdagen gaat tellen dat de markt zich in een "trendloze modus" bevond, dan zal je al snel merken dat dit de grote meerderheid was. Met andere woorden: Trends zijn uitzondering, zijwaartse markten zijn de regel.

Nu zou je kunnen beweren dat ik bewust een fase in de EUR/USD heb gekozen met een zeer uitgesproken zijwaartse beweging.

Afbeelding 2: EUR/USD, daggrafiek, juni 2014 - februari 2015

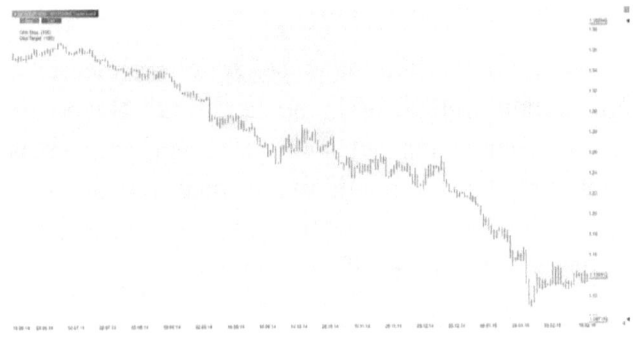

Wie de periode van juni 2014 tot februari 2015 bekijkt in de EUR/USD, zal ongetwijfeld een "trend" vaststellen, duidelijk in neerwaartse richting. Dit kan je haast niet ontkennen. Maar als je wat beter kijkt, zie je dat de EUR/USD ook hier op de meeste handelsdagen zijwaarts liep (gele zones op de grafiek). De dagen waarop de markt ontegensprekelijk in de trendrichting liep zijn duidelijk in de minderheid.

Als je het bekijkt vanuit vogelperspectief, lijkt het erop dat de marktspelers het paar duidelijk naar beneden drijven, dus dat ze verkopen. Ze verkopen de euro en gaan tegelijkertijd in de dollar. Je moest als trader heel wat geduld uitoefenen om deze oriëntatie ook te laten renderen. In sommige zijwaartse fasen tijdens deze "trend" duurde het meer dan een maand voordat de markt zich weer in de gewenste richting bewoog.

Wie als investeerder op middellange of lange termijn had ingezet op een opwaardering van de dollar, kon een

7

dergelijke fase rustig uitzitten. Maar de vraag is of je je dit ook kan veroorloven als trader, die zijn brood wil verdienen met het verhandelen van valuta?

Ondanks deze duidelijke diagnose, zetten de meeste korte-termijn handelsstrategieën in op het trendvolgend model, hoewel bewezen is dat het moeilijk te verhandelen is. De meeste traders die ik ken, zijn min of meer op zoek naar een grote beweging. Ongeacht het feit of ze zichzelf omschrijven als een daytrader, scalper of wat dan ook.

's Avonds (of in het weekend) als in de markt alles gezegd of gedaan is, piekeren ze erover waarom ze er weer niet in geslaagd zijn een of andere beweging die dag mee te nemen, hoewel deze (achteraf bekeken) duidelijk zichtbaar is.

Dit doen ze omdat ze ervan uitgaan dat ze hun financiële doelen het best kunnen behalen als ze steeds weer een van de grotere bewegingen zouden kunnen meenemen. Want dan, zeggen ze tegen zichzelf, ben ik een succesvolle trader.

Het komt totaal niet in hen op dat er in het geheim een gespecialiseerde groep traders bestaat, die geen interesse hebben in deze trends, maar net het tegenovergestelde doen, namelijk de trendloze fase verhandelen. Dat is ook begrijpelijk. Als je als beginner een financiële grafiek bekijkt, zie je als eerste de grote bewegingen die steeds weer plaatsvinden. En je vraagt je af: wat moet ik doen om van zo'n beweging te kunnen profiteren?

Interessant genoeg houdt de grote meerderheid van handelsliteratuur zich ook hoofdzakelijk bezig met het opsporen van trends. Dat geldt niet alleen voor boeken die uitdrukkelijk betrekking hebben op trendfollowing (het volgen van de trend). Dit geldt echter ook voor de meeste boeken over intraday trading die ik ken. Hoewel korte-termijn handel een totaal ander spel is dan trendfollowing of investeren, gaat het er ook hier meestal om hoe je de "grote" intraday bewegingen kan meenemen. Als je met daytraders praat, stel je vast dat de meeste van hen ook met deze vraag spelen.

Maar er is een alternatief voor dit soort trendjacht. Deze noem ik **range trading.** Voordat ik dit boek begon te schrijven, heb ik wat met mijn neus in de handelsliteratuur gezeten om te weten te komen wat andere traders over dit thema vertellen. Interessant genoeg vond ik bijna geen boek dat zich expliciet bezighoudt met dit thema, hoewel bewezen is dat meer dan 70% van het marktgebeuren in trading ranges of zijwaartse fasen verloopt!

Het enige boek dat zich expliciet in dit thema verdiept is de ietwat ingewikkelde titel van Al Brooks: "Trading Price Action Trading Ranges: technical Analysis of Price Charts Bar by Bar for the Serious Trader." Dit verscheen in 2012 bij Wiley en behandelt daadwerkelijk de hier aangehaalde problematiek. Brooks beschrijft in dit boek weliswaar vooral hoe je pullbacks op en uitbraken (breakouts) *uit* de range kan verhandelen. Maar hoe je *de range zelf* verhandelt, wordt snel afgerateld in drie korte hoofdstukjes.

Zoals je ziet: het trendvolgende model zit bij de meeste traders zo diep in de hersenen ingebakken dat ze haast niet meer anders kunnen denken.

Om dit gebrek een beetje te verhelpen, heb ik besloten om dit boek te schrijven. Het gaat dus niet over hoe je een range identificeert om dan de uitbraak hieruit te verhandelen, maar over hoe je de range zelf verhandelt.

In dit boek wil ik aantonen dat dit een absoluut voordelige en uiterst interessante handelsstrategie kan zijn. Ik beoog hier in geen geval volledigheid. Het idee dat zijwaartse markten veel interessanter konden zijn dan trendmarkten is slechts geleidelijk aan bij me opgekomen. Ook ik was gefascineerd door trends en wou er natuurlijk zoveel mogelijk voordeel uit halen. Ook mij werd het op een bepaald moment duidelijk dat trend trading helemaal niet zo eenvoudig is als het op het eerste zicht lijkt. Maar ik had geen oplossing voorhanden. Ik ben gewoon op zoek gegaan naar andere methoden voor het verhandelen van de trend. En zo zijn er duizenden.

Maar hoe je de range moet verhandelen, daarover is veel minder literatuur (eigenlijk helemaal geen) beschikbaar. Je vindt op het internet steeds weer websites over dit onderwerp. Maar helaas wordt meestal overal hetzelfde gezegd: de trader moet de ondersteuning kopen en de weerstand verkopen. Een terechte opmerking!

Maar hoe herken je een ondersteuning en een weerstand? Hoe teken je ondersteuningslijnen en weerstandslijnen op de juiste manier, zodat de range herkenbaar wordt? Welke signalen moet je verhandelen en welke laat je beter varen? Hoe en waar stap je uit de range? En wat moet je doen als het koersdoel niet wordt behaald?

Dat zijn de echte trader-vragen, en dit boek houdt zich hier uitvoerig mee bezig. Ik wens de lezers veel plezier bij het lezen!

2. Wat is een range markt?

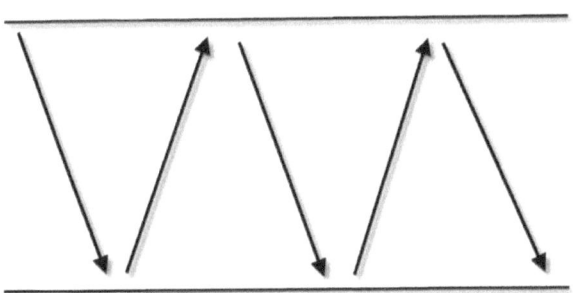

Afbeelding 3 toont op een eenvoudige manier waar het bij een range markt om gaat. De koers springt als een pingpongbal tussen twee extreme niveaus heen en weer. Deze niveaus noem ik de grenzen van de range:

bovengrens (bovenste horizontale lijn): weerstand

ondergrens (onderste horizontale lijn): ondersteuning

De range geldt echter pas als geïdentificeerd wanneer minstens twee aanrakingen hebben plaatsgevonden, zowel bovenaan als onderaan.

Afbeelding 4, T-Note 10, uurgrafiek, 19 tot 21 juli 2017

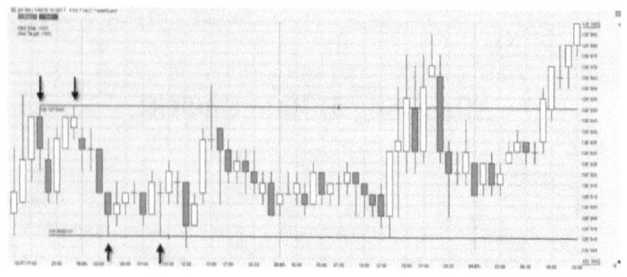

Afbeelding 4 toont een screenshot van de T-Note futures, van de Amerikaanse future op obligaties van 10 jaar. Links op de grafiek heb ik de eerste twee aanrakingen boven en onder met een pijl aangeduid. Nadat de tweede aanraking onderaan had plaatsgevonden, bestond de range. In het algemeen kan je zeggen: hoe meer aanrakingen met de ondersteunings- of weerstandslijn, hoe belangrijker (of sterker) de range wordt.

En des te moeilijker wordt het om de range weer op te heffen. Met andere woorden: we hebben een soort katalysator nodig (belangrijk economisch nieuws of veel geld) om een uitbraak uit de range te laten lukken. Dit gebeurde dan in bovenstaand voorbeeld aan de bovenzijde (witte kaarsen helemaal rechts op de grafiek). De dag voordien was er weliswaar een eerste poging, maar die mislukte. Na enkele uren viel de koers terug in de range. Deze bleef dus voortbestaan. Hoe je een dergelijk scenario verhandelt, wil ik in dit boek bespreken.

Je zou ook kunnen zeggen dat de markt als het ware gevangen zit tussen een ondersteuningsniveau (waar meer kopers opduiken) en een weerstandsniveau (waar meer verkopers opduiken). De koersen springen dan zoals gezegd als een pingpongballetje heen en weer tussen beide niveaus.

Zoals een range, eenmaal geïdentificeerd, op een bepaald moment begint, eindigt hij ook op een bepaald moment. Dit gebeurt door een uitbraak uit de range, die voortduurt. Zoals reeds gezegd: er kunnen zich meerdere pogingen voordoen om uit de range uit te breken, die dan mislukken. Op een gegeven moment lukt het dan toch, en dan is de range verleden tijd.

Ik ken geen methode om het einde van de range te voorspellen, net zoals je ook het verloop van de koersen niet kan voorspellen. Alles wat je kan zeggen, is dat de trader op een dag vaststelt dat een uitbraak uit de range is gelukt en dat de koersen niet meer in de range terugkeren.

Toch zal de opmerkzame trader ook vaststellen dat eens opgegeven ranges na enige tijd weer opgenomen kunnen worden. Daarvan wil ik in dit boek enkele voorbeelden tonen.

Het basisidee van range trading bestaat erin koopposities te openen aan het ondersteuningsniveau die dan gesloten worden van zodra de koers de bovengrens van de range heeft bereikt. Omgekeerd kunnen traders verkoopposities (shortselling) openen, die worden vereffend (de trader koopt op de markt een identiek aantal contracten) zodra de koersen de ondersteuningslijn bereiken.

Deze strategie kan je naar hartenlust herhalen zolang de koersen zich binnen de trading range bevinden.

De voordelen van deze benadering liggen voor de hand:

- Er doen zich een onbeperkt aantal trading ranges in alle periodes en in alle financiële markten voor.
- Het moment van entry en exit (koop en verkoop) is duidelijk gedefinieerd: de boven- en ondergrens van de range.
- Het koersdoel is steeds het andere uiteinde van de range: voor kooppositities de bovengrens, voor shortselling de ondergrens.
- De kans-risicoverhouding is duidelijk gedefinieerd. De trader weet hoeveel hij met de trade kan winnen. Als het andere uiteinde 100 punten verwijderd is van de aankoopprijs, dan bedraagt de maximale winst 100 punten.
- Zo is ook het risico duidelijk gedefinieerd. Als de trader 100 punten kan winnen en hij wil werken met een kans-risicoverhouding van 1:2, dan moet zijn stop 50 punten onder de aankoopprijs staan.
- Range trading behaalt heel vaak slaagkansen van meer dan 50%. Daardoor kan de trader kiezen voor een "slechtere" kans-risicoverhouding en toch nog winstgevend werken.

Met een slechtere kans-risicoverhouding bedoelen we bijvoorbeeld dat hij evenveel punten riskeert dan dat hij er wil behalen. In bovenstaand voorbeeld zou hij dus kunnen besluiten om de stop op 100 punten van de entry te plaatsen, ook als hij maar een koersdoel van 100 punten heeft. In dit geval werkt de trader met een kans-risicoverhouding van 1:1. Hij heeft dan een slaagkans nodig van minstens 51% om winstgevend te kunnen handelen (voor commissies).

Ik bekritiseer dit niet. Er kunnen goede redenen zijn waarom een trader beslist om met een dergelijk model aan de slag te gaan. Het voordeel ligt voor de hand: zijn stop zal minder vaak bereikt worden. Maar als hij verliest, dan verliest hij natuurlijk dubbel zoveel als in het 1:2 model.

Maar we mogen niet verzwijgen dat de range trading strategie, net als elke andere strategie, ook **nadelen** met zich meebrengt:

- De winst is vanaf het begin begrensd door het duidelijk gedefinieerde koersdoel.
- Markten houden zich lang niet altijd aan reeds bestaande rangegrenzen.
- Uitbraken uit de range die gebeuren in de tegenovergestelde richting dan de positie van de trader, leiden tot verliezen.
- Het koersdoel wordt niet altijd bereikt waardoor de totale winst natuurlijk kleiner wordt.
- De range kan niet altijd duidelijk gedefinieerd worden.

Al deze punten ga ik in dit boek aan bod laten komen. Ik wil uitvoerig ingaan op het identificeren van ranges. Verder wil ik aan de hand van meerdere voorbeelden de problematiek van de valse uitbraken uit ranges als thema behandelen. Bovendien wil ik ook uitvoerig ingaan op het thema kans-risicoverhouding, dat ook bij range trading een belangrijke rol speelt. Tenslotte resulteert een groot deel van handelssucces uit de juiste combinatie van kans, risico en handelsopportuniteiten. Waarom deze formule dan juist bij range trading uitstekend gebruikt kan worden, is dan nog een verder doel van dit boek.

3. Kijk naar links!

In de vele gesprekken die ik met traders kon voeren, is me bij het waarnemen van grafieken steeds weer opgevallen hoe weinigen onder hen naar links kijken. Wat wordt daarmee bedoeld?

De tijdlijn verloopt op een financiële grafiek altijd van links naar rechts (in China, heb ik me laten vertellen, zou dit omgekeerd zijn, maar dat is natuurlijk een grapje onder traders!). Als we dus willen weten wat er in het verleden is gebeurd, moeten we naar links kijken.

Natuurlijk kunnen we op basis van het prijsverloop aan de linkerzijde van de grafiek het toekomstig prijsverloop niet voorspellen, hoe graag we dit ook zouden willen. Toch bestaat er zoiets als een **marktgeheugen**. Dit houdt in dat de marktspelers blijkbaar de opvallende prijsniveaus (meestal highs en lows) van de vorige dagen "onthouden". Met "onthouden" bedoelen we gewoon dat zodra de markt een dergelijk niveau weer opzoekt, de traders een dergelijk niveau als min of meer belangrijk aanvoelen. Geen wonder, want deze niveaus zijn zo ongeveer het enige tastbare te midden van een chaos aan gegevens die schijnbaar doelloos over het beeldscherm lopen.

Als de EUR/USD bijvoorbeeld gisteren op het niveau 1,1420 een high heeft gevormd, dan kan je ervan uitgaan dat de marktspelers zich dit vandaag herinneren van zodra dit niveau opnieuw wordt bereikt. Volgende onuitgesproken vraag komt dan op: zal de markt hier weer naar beneden draaien? Of gaan we vandaag het niveau overschrijden? Hetzelfde geldt natuurlijk voor opmerkelijke lows.

Dergelijke significante niveaus kunnen meerdere dagen of zelfs weken oud zijn. In sommige gevallen "herinnert" de markt zich belangrijke keerpunten, die al maanden in het verleden liggen. Dit is zeker het geval bij belangrijk nieuws zoals rentebeslissingen van een centrale bank, politieke keuzes of andere beslissingen die de waarneming van een markt fundamenteel kunnen wijzigen. De trader moet in elk geval rekening houden met dergelijke niveaus. Ze worden niet zomaar uit de markt genomen.

De moeilijkheid bij het trekken van horizontale lijnen op de grafiek om dit niveau zichtbaar te maken ligt natuurlijk in de interpretatie van wat wel en niet belangrijk is. Soms moet de trader ook aanpassingen doorvoeren omdat het prijsgebeuren een ander niveau belangrijker lijkt te vinden dan hetgeen de trader eerst had voorzien. Maar het is echt geen schande als je een lijn op de grafiek hebt getrokken die zonder gevolg blijft, terwijl een ander niveau dat je over het hoofd hebt gezien voortdurend wordt aangeraakt.

Hoewel ik hier al jaren mee bezig ben, heb ik het zelfs steeds weer mis en moet ik corrigeren. Ook hier lijkt Mr. Market graag een loopje te nemen met de verwachtingshoudingen van de deelnemers. Je moet afstand nemen van het idee dat het hier om een exacte wetenschap gaat.

Afbeelding 5: EUR/USD, 4-uurgrafiek, 12 juni tot 12 juli 2017

Als voorbeeld voor de zin "kijk naar links op de grafiek" gebruik ik hier een fragment uit de EUR/USD van juni 2017. De pijlen geven prijsniveaus aan waarop de markt zich belangrijke highs of lows van de voorbije dagen herinnerde. In sommige gevallen keerde de markt zelfs exact op het punt waar het oude prijsniveau werd bereikt. In andere gevallen schoot de markt eerst wat boven het doel uit om dan braafjes terug te keren en in de tegenovergestelde richting terug te komen.

Met andere woorden: markten bouwen zich graag zo op dat ze, alvorens verder te gaan, eerst terugkeren naar het oude prijsniveau dat eigenlijk al overwonnen leek. Ervaren traders kunnen natuurlijk dergelijke "reversals" verhandelen, maar dat is niet het thema van dit boek.

Natuurlijk kan je ook zonder deze kennis handelen. Maar als je je met range trading wil bezighouden, dan moet je "kijk naar links!" tot een van je grondregels dopen. Want vaak zal je links op de grafiek iets vinden dat betrekking heeft op het huidige gebeuren. Is dat geen waardevolle informatie?

Nu is "kijk naar links" geen toverformule om je winst op de beurs te bezorgen. Deze methode helpt je wel om het "speelveld" waar momenteel op gespeeld wordt beter te identificeren.

Juist bij range trading is dit echter uiterst belangrijk, want zodra je de mogelijkheid hebt om de grenzen van het speelveld te identificeren, heb je ook de entry en exit van je toekomstige trades ontdekt. Range trading is eigenlijk iets heel eenvoudig. Maar om het eenvoudig te maken, moet je eerst aan de linkerkant van de grafiek kijken.

Eens je geleerd hebt om rekening te houden met de significante keerpunten, heb je tenminste de mogelijkheid om het huidig marktgebeuren beter in te schatten. Je kan het daarmee nog altijd niet voorspellen - dat kan niemand - maar je hebt de mogelijkheid om een realistische inschatting te formuleren voor de mogelijke richting. Als het je lukt om in iets meer dan 50% van de gevallen ook gelijk te hebben, dan staat niets een winstgevende trading business nog in de weg.

Om dit te kunnen, moeten we ons eerst bezighouden met het correct tekenen van horizontale ondersteunigs- en weerstandslijnen.

4. Hoe teken ik correcte ondersteunings- en weerstandslijnen?

Hoe je horizontale ondersteunings- en weerstandslijnen correct moet tekenen, daarover heerst soms een begrijpelijke verwarring onder traders. Bovendien zijn er ook foute voorstellingen over hoe je dit moet doen. Ik wil hier van mijn kant proberen enkele misverstanden uit de weg te ruimen.

Ik heb in het vorige hoofdstuk "Kijk naar links!" de betekenis van belangrijke swing highs of swing lows uitgewerkt. Deze niveaus moet de trader in elk geval verwerken in zijn overwegingen.

In de praktijk zien we echter dat "de markt" dergelijke niveaus niet altijd 100% respecteert. Als je een prijsniveau als significant kan bestempelen, betekent dit gewoon dat rond dit niveau veel contracten van eigenaar wisselen. Dat betekent dat een deel traders hun posities sluiten of van short naar long gaan of omgekeerd.

Daarom kan je beter spreken van **ondersteuningszones** en **weerstandszones** dan van ondersteuningslijnen en weerstandslijnen. Een voorbeeld uit de Eurostoxx50 future (FESX) kan dit verduidelijken.

Afbeelding 6: FESX, uurgrafiek, 10/11/2016 tot 6/12/2016

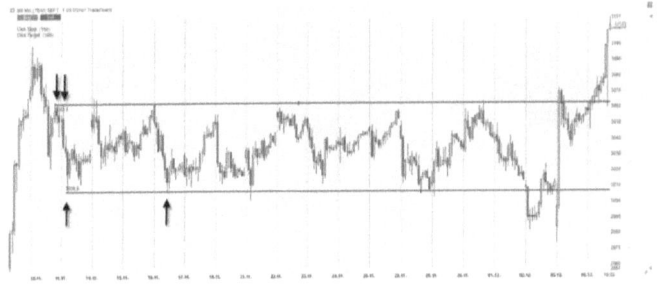

In dit voorbeeld in de Eurostoxx future heb ik beide lijnen "volgens het boekje" getekend. Dat betekent dat ik bovenaan de eerste twee highs van de range (op 3062 punten) en onderaan de twee lows (op 3007 punten) met elkaar heb verbonden. Op het eerste zicht ziet deze tekening er heel netjes uit. Ik heb de range vrij goed gevat. Maar als je goed kijkt, zie je dat op deze tekening op veel keerpunten de lijn helemaal niet werd aangeraakt. Dat is zowel het geval onderaan bij de ondersteuning en zeker bovenaan bij de weerstand.

De markt had dus een ietwat andere opvatting over waar deze niveaus lagen in de periode dat ik mijn hypercorrecte weergave had aangenomen. Daarom is het helemaal niet fout als je je lijnen met de tijd aanpast aan de werkelijke gegevens van de markt en niet afwacht tot de markt jouw niveaus gaat respecteren, want dat zal niet gebeuren. Daarom heb ik mijn lijnen een beetje aangepast. Het resultaat ziet er dan als volgt uit:

Afbeelding 7: FESX, uurgrafiek, 10/11/2016 tot 6/12/2016, tweede poging

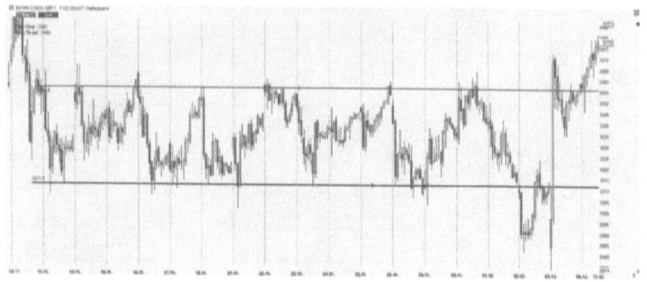

Bij deze aanpassing van de lijn zie je dat de range wat smaller is geworden. De weerstandslijn ligt nu op 3055 en de ondersteuningslijn op 3011 punten. Ik heb zelfs aan heiligschennis gedaan door mijn lijn door een aantal schaduwen en zelfs door enkele lichamen van kaarsen te trekken.

Maar feit is dat bij deze weergave veel meer aanrakingen tot stand gekomen zijn dan bij de eerste weergave. Alleen al aan de ondersteuning zijn er nu 13(!) aanrakingen. Het spreekt dus voor zich dat de markt het niveau 3011 duidelijk als significanter bestempeld had dan de eerste low op 3007 (low van 11/11/2017).

Het verschil tussen 3007 en 3011 is nu echt niet groot en dat is de reden waarom ik hier spreek over een *ondersteuningszone*. In dit bereik waren in deze periode meer kopers dan verkopers, waardoor de markt hier meestal weer naar boven draaide. Aangezien dit in de loop der tijd vaker gebeurde bij 3011 dan bij 3006, heb ik de lijn dan ook aangepast. Niet meer maar ook niet minder.

Zoals je kan zien is het tekenen van de "correcte" lijn eerder een kwestie van gezond verstand. Bij de weerstand bovenaan waren er in de eerste weergave nauwelijks aanrakingen. De markt draaide al vroeger, niet op 3062, zoals ik eerst vermoedde, maar al op 3055. Als je dat als range-trader niet serieus neemt, kom je natuurlijk nooit tot een trade.

5. In welke markten kan je aan range trading doen?

Antwoord: in alle markten.

Er zijn natuurlijk bepaalde risico's aan verbonden waarvan de trader op de hoogte moet zijn alvorens hij eraan begint. Gaps (koersgaten) bijvoorbeeld vind je in alle markten. Ze ontstaan altijd van zodra een markt op een bepaald moment sluit en de volgende dag (of de volgende maandag na een weekend) weer opent.

In de regel zijn de gaps klein en zullen ze het resultaat van een lopende trade maar weinig beïnvloeden. Steeds weer doen zich grotere gaps voor. Deze kunnen natuurlijk in het voordeel van de trader zijn, maar ook in zijn nadeel. Extreme gebeurtenissen op de beurs worden soms veroorzaakt door externe katalysatoren (terreuraanslagen, aardbevingen, onverwachte uitslagen van verkiezingen of referendums zoals bijv. de Brexit). Deze zijn heel moeilijk of bijna niet te voorspellen.

In nieuwere tijden doen zich dergelijke gebeurtenissen ook voor zonder bekende katalysator. Dit was bijvoorbeeld het geval bij de zogenaamde flash crash van 6 mei 2010, toen de SP500 en Dow Jones index in slechts enkele minuten bijna 10% naar beneden tuimelden. Ik herinner me die dag nog heel goed, want ik had een kleine short positie in de EUR/JPY. Ik kon mijn ogen haast niet geloven toen ik vaststelde dat mijn positie plots meer dan 900 pips in de winst stond. Die dag had ik dus "geluk". Ik stond als het ware aan de juiste kant van het gebeuren.

Als ik een long positie had gehad in de EUR/JPY, dan was mijn stop in werking getreden. Vermoedelijk zou ik op grond van de extreme volatiliteit op die dag een slechtere prijs krijgen, maar mijn positie zou uit de markt gehaald worden voordat het tot grotere verliezen kon komen.

Valuta

Wie dus geen gaps wil uitzitten of niet met dergelijke extreme gebeurtenissen te maken wil hebben, kan ik aanraden om zich te beperken tot range trading met valuta. Forex markten worden de klok rond verhandeld. Daar hoef je dus geen overnight gaps te vrezen. Trades moeten dan voor het weekend gesloten worden om het risico van weekend gaps uit te sluiten. Overigens kan je op zondagavond of maandagmorgen de trade probleemloos weer openen als het scenario waarvan je bent uitgegaan nog steeds geldig is. Veel traders doen dit trouwens.

Aandelen

Het voordeel van range trading in aandelen is dat trading ranges hier lang aanhouden en dus heel winstgevend verhandeld kunnen worden. Als een investeerder steeds weer begint te verkopen van zodra een aandeel een bepaald koersniveau bereikt, komt daar een weerstandszone tot stand. Een slimme range trader die dit ziet, kan van deze situatie profiteren.

Dit fenomeen is natuurlijk ook aan de onderkant zichtbaar. Soms "vangt" een grote koper een aandeel op een bepaald prijsniveau steeds weer op. Hier ontstaat dan een ondersteuningszone. Dergelijke niveaus kunnen wekenlang aanhouden tot "de koper" op een gegeven moment stopt met kopen en het effect begint te stijgen of te dalen.

Het nadeel bij aandelen zijn de overnight gaps, die soms heel extreem kunnen zijn. Ze zijn vaak veel groter dan in andere markten. Ikzelf had eens een long positie in het aandeel van de Duitse softwarefabrikant SAP. Voor het openen van de markt vernamen we het nieuws van een sterke omzetdaling in de USA. Gevolg: het papier opende met een afslag van meer dan acht procent. Zo ontstond een aanzienlijk verlies en helaas helpen stop-loss orders ook niet bij een overnight gap.

Door dit voorval ben ik gestopt met het verhandelen van aandelen. Maar zoals gezegd: dit is mijn beslissing. Op langere termijn wordt de impact van een dergelijke extreme gebeurtenis gecompenseerd. Het is aan de trader om te beslissen of hij dergelijke uitschieters (in zijn voor- of nadeel) wel of niet op de koop toe wil nemen.

Ik heb voor mezelf beslist dat aandelen geen goed instrument zijn voor korte-termijnhandel, ook al kunnen ze soms heel winstgevend zijn. Ik hou het liever bij heel liquide markten waarvan de overnight gaps maar zelden hoger dan 1% uitvallen.

Futures:

De meeste professionele traders die ik ken, verhandelen futures. Daar is een goede reden voor. Futures zijn heel faire en liquide financiële instrumenten. Ik bedoel hiermee dat je in ieder geval een goede uitvoering krijgt. Dit geldt zowel voor de entry, als voor de exit en ook voor de stop-loss orders. Fenomenen als slippage (slechtere uitvoering dan voorzien) komen hier maar zelden voor, en als ze zich voordoen, dan enkel op heel volatiele dagen.

Daarom zijn bijvoorbeeld index futures als de AEX Future, E-mini, mini-Dow, FDAX of Nikkei 225 future goede handelsinstrumenten om deze strategie door te voeren. In ieder geval raad ik aan dat de trader de economische kalender in de gaten houdt. Net bij rentebeslissingen van de centrale banken kan het al eens erg volatiel worden.

Je kan uiteraard ook met obligatie futures (bonds) en grondstof futures aan range trading doen. Maar ook hier moet de trader er natuurlijk rekening mee houden wanneer belangrijk nieuws te verwachten is. Ook bij grondstoffen kunnen de uitslagen hoog uitvallen, vooral dan wanneer de grondstof futures zich langere tijd in een range hebben bevonden. Vaak is het slimmer om de positie te sluiten voor het bekendmaken van het nieuws.

6. Hoe verhandel je een range concreet?

In hoofdstuk 4 heb ik de vraag behandeld hoe je een **horizontale range** op de grafiek kan herkennen. Het is op zich niet altijd gemakkelijk om deze vraag te beantwoorden, want in sommige gevallen blijft ruimte open voor interpretatie. Dan ligt het uitsluitend aan de ervaring van de trader of hij een range als range herkent of niet.

Financiële markten zijn en blijven een chaotisch gebeuren en niemand zal ooit met zekerheid kunnen zeggen wat zich nu precies afspeelt. Op de achtergrond kan natuurlijk heel wat aan het gebeuren zijn, en onverwachte gebeurtenissen (economisch nieuws, beslissingen van de centrale bank) kunnen net vastgestelde "ondersteuningen" en "weerstanden" in enkele seconden vernietigen, alsof ze er nooit waren geweest.

Dit moet de trader altijd in het achterhoofd houden, zeker wanneer iets op de grafiek zo duidelijk lijkt, dat het aanvoelt als een uitnodiging om het te verhandelen. Werken met zinvolle stop-loss orders is zoals altijd verplicht, alleen al om de rekening te beschermen tegen zeer grote verliezen.

Het moet voor elke trader duidelijk zijn dat eender wat hij ziet, of meent te zien, op een grafiek, uiteindelijk niet meer is dan een interpretatie van de werkelijkheid. Wie een lijn tekent op een grafiek, beschikt lang niet over de autoriteit om te zeggen: "tot hier en geen stap verder!"

Zoals je weet kan het altijd verder gaan, zelfs als het absurd lijkt. Het beste voorbeeld is de stierenmarkt in de

Amerikaanse aandelen (stand mei 2019). Al maanden (jaren) voorspellen crashprofeten het "einde" van deze stierenmarkt. Ooit zal hij ook aan zijn einde komen, dat staat buiten kijf. Maar het kan zijn dat hij veel langer aanhoudt dan de crashprofeten willen geloven. Daarvoor zijn er meer dan genoeg voorbeelden in het verleden.

Daarom leven traders gewoon van de genade van de waarschijnlijkheid. Het is veel waarschijnlijker dat de markt op basis van eerdere keerpunten op deze plaats weer zal keren. Hij moet niet, maar de gegevens op de grafiek geven hiervoor een verhoogde waarschijnlijkheid aan. Het moet weliswaar deze keer niet zo zijn, maar wie het scenario herhaaldelijk heeft waargenomen, stelt vast dat dit in de meerderheid van de gevallen wel zo was (50% + ...).

Een *trader* is dus een mens die steeds weer berekende risico's neemt waarvan hij weet dat ze een (klein) statistisch voordeel in zich dragen. Dit statistisch voordeel gaat ergens na een reeks trades het verschil maken tussen winst en verlies. Trading is niet meer dan dat.

Met betrekking tot range trading kan je precies hetzelfde zeggen. Een *range trader* is iemand die op basis van waarnemingen ervan uitgaat dat de boven- en ondergrens van de range door de meerderheid van de marktspelers wordt gerespecteerd (tot op de dag dat de uitbraak uit de range lukt).

Als de range trader hiervan uitgaat, is het nuttig om het gebeuren aan de grenzen van de range ook te volgen in de hoop een aanknopingspunt te vinden dat dit vermoeden bevestigt of versterkt. Aangezien in bovenstaande voorbeelden sommige signalen op de uurgrafiek niet werden bevestigd, moet de trader de grafiek instellen op een kortere termijn.

Als bijvoorbeeld een markt op de uurgrafiek een weerstandslijn aanraakt (of kort overschrijdt), is het nuttig om eens op de 30-minutengrafiek of de 15-minutengrafiek te kijken of verdedigbare en verhandelbare aanknopingspunten te vinden zijn die een trade rechtvaardigen. Daarom is het verplicht dat de trader wacht op een duidelijk **herkenbaar signaal** voordat hij zijn limit order plaatst.

Met *signaal* bedoel ik dat de markt op een of andere manier moet aangeven dat hij de weerstand of ondersteuning wil respecteren. Af en toe zal de markt bijvoorbeeld de ondersteuning even aanraken om dan direct weer naar boven te keren. Dit was in principe een signaal, maar omdat de markt amper aan de ondersteuning blijft, heeft de trader niet de tijd om een trade in overweging te nemen. Het is verboden om hier op de rijdende trein te springen, want bij range strategieën gaat het erom in alle rust berekende trades aan te gaan.

Als de markt de ondersteuning naar beneden doorbreekt en daar enkele uren blijft, dan kan je dit ook niet als een signaal beschouwen. Pas als de markt de ondersteuning enkele uren later weer verovert, kan je spreken van een signaal. Want dan is duidelijk dat de verkopers een zware poging hebben ondernomen om de markt naar beneden te drukken, maar dit is hen duidelijk niet gelukt. Dit feit rechtvaardigt voor mij een kooppositie met de weerstand als koersdoel. Om een dergelijk signaal nog duidelijker weer te geven, kijken we even naar een voorbeeld in de EUR/JPY.

Afbeelding 8: EUR/JPY, uurgrafiek, 11/06 tot 13/06/2017

In dit voorbeeld op de uurgrafiek van de EUR/JPY gebeurde precies het eerder aangehaalde scenario. Het paar nadert de ondersteuning en overschrijdt deze even (rode kaars onder de horizontale lijn onderaan). De volgende kaars is dan weer bullish en heeft een slotkoers boven de ondersteuningslijn (pijl onderaan). De kopers hebben de scepter weer overgenomen en beheersen opnieuw de markt. Het bestaan van de range is daarmee bevestigd.

Als de trader omwille van het risicobeheer niet kan kopen na het beëindigen van de bullishe uurkaars (want dan moet hij enkele pips boven de ondersteuning kopen), dan moet hij de activiteiten in een kleiner tijdsbestek bekijken.

Deze benaderingswijze kan je bekritiseren omdat de trader het beschouwde tijdsbestek (uurgrafiek) verlaat en het signaal in een kleiner tijdsbestek zoekt, maar er gaan te veel trades verloren als je hiervan afziet.

De trader moet ook goed weten dat signalen onbeduidender worden naarmate het tijdsbestek kleiner wordt. Kortom: volgende benaderingswijzen kunnen worden aanbevolen:

Signaalgrafiek:	entrygrafiek
Daggrafiek:	4-uurgrafiek, uurgrafiek
4-uurgrafiek: minutengrafiek	uurgrafiek, 30-
uurgrafiek: minutengrafiek	30-minutengrafiek, 15-

Voor mij heeft het dus geen zin als de trader bijvoorbeeld op een 4-uurgrafiek een signaal ontdekt om dan op de 5-minutengrafiek op zoek te gaan naar een entry. De entry moet dus gevonden worden in het eerstvolgende kleinere tijdsbestek, dus op de uurgrafiek of misschien nog op de 30-minutengrafiek.

Afbeelding 9: EUR/JPY, 15-minutengrafiek, 12/06/2017

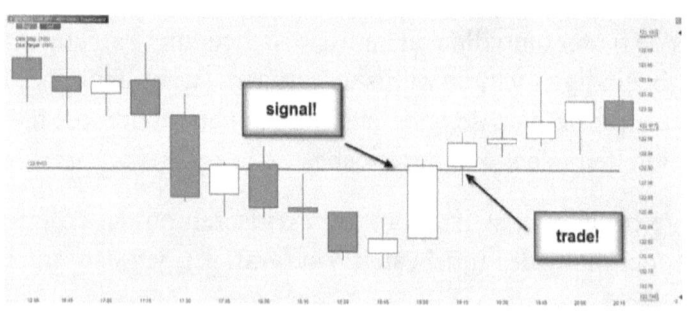

Op de 15-minutengrafiek kon het hierboven aangehaalde voorbeeld duidelijk geïdentificeerd worden in de EUR/JPY. We zien hoe het paar na de breuk van de ondersteuning (links op de grafiek) enkele kaarsen onder de ondersteuningslijn bleef hangen. Maar dan veroverde een witte kaars opnieuw de lijn (signaal!). Pas dan is het signaal volkomen duidelijk geïdentificeerd en na de laatste koerssluiting van deze kaars kan de trader een gelimiteerde kooporder aan de ondersteuningslijn plaatsen.

Ik heb vrij strenge criteria voor de entry bij range trading. De reden is simpel. Aangezien een range slechts een beperkt koersdoel inhoudt (en dus ook een begrensd winstpotentieel), wil ik deze potentiële winst niet ook nog beperken door enkele punten of pips boven de grens te kopen omdat een of andere kaars op een grafiek toevallig iets hoger sloot.

Omwille van het risicobeheer plaats ik mijn trade precies op de prijs waar de ondersteuningslijn loopt. Deze prijs wil ik hebben, geen andere. Want de trader laat hiermee zien dat hij volgens zijn eigen spelregels speelt en niet volgens hetgeen de markt hem voorspiegelt.

In bovenstaand voorbeeld daalde de volgende kaars dan op de 15-minutengrafiek nog kort onder de ondersteuningslijn, wat ertoe heeft geleid dat het order ook werd uitgevoerd. De trader heeft pas op dit ogenblik een long positie.

Als de markt de ondersteuningslijn niet meer had aangeraakt en direct naar boven was gespurt, dan was het order nooit uitgevoerd. Dit gebeurde bijvoorbeeld in het volgende voorbeeld.

Afbeelding 10: EUR/JPY, 15-minutengrafiek, 13/06/2017

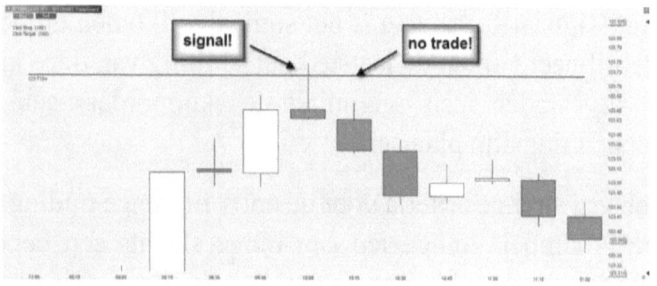

In dit voorbeeld bereikte (en overschreed) de markt de bovengrens van de range. Tegelijkertijd daalde de koers weer terug in de range en gaf zo een short signaal op de 15-minutengrafiek. De trader kon een gelimiteerde verkooporder aan de weerstandslijn (horizontale lijn bovenaan) plaatsen.

Helaas werd dit order niet uitgevoerd. De volgende kaars opende enkele pips onder de weerstandslijn en sloot lager, zonder de weerstandslijn aan te raken: no trade!

De markt ging daarna opnieuw in de richting van de ondergrens van de range. Dit was natuurlijk "vervelend" omdat de EUR/JPY de volgende dag het koersdoel bij de ondersteuning bereikte. Het "zou" dus een winstgevende trade geweest zijn "als" je deze had verhandeld. "Zou" en "als" zijn woorden die je als trader best uit je woordenboek schrapt. Zoals afbeelding 10 duidelijk weergeeft, werd wel voldaan aan de vereisten voor de trade, maar werd het order niet uitgevoerd.

Ik weet dat toch heel wat traders wel deze trade hebben genomen. Ze hebben zich dan natuurlijk wel tevreden moeten stellen met een slechtere prijs. Daarmee zet je de deuren wijd open voor nonchalance.

Je kan het niet genoeg benadrukken: succesvol traden heeft vooral te maken met het feit dat de trader zijn eigen spelregels volgt. Als hij dat niet doet, kan hij af en toe misschien wel eens een koopje doen, maar op lange termijn ondermijnt hij zijn eigen psyche, want hij laat de markt beslissen over zijn eigen doen en laten.

Ik hoop dat je het fundamentele verschil ziet! Ofwel laat je je door de markt drijven als een schip zonder stuurman of je bepaalt zelf hoe en wanneer je de markt betreedt en onder welke voorwaarden.

Dit vraagt natuurlijk een bepaalde hardheid die je je eigen moet maken, zodat je je ook kan leren neerleggen bij het missen van dergelijke schijnbare kansen. Soms geeft de markt je iets en soms neemt de markt je iets af. Dat heb je als trader niet in de hand. Wat je wel heel goed kan controleren, zijn de voorwaarden waaronder je bereid bent om al of niet te handelen. Als aan de voorwaarden wordt voldaan, dan handel je. Wordt er niet aan voldaan, dan hou je beter je handen stil.

Dat is natuurlijk makkelijk gezegd. Ik weet uit eigen ervaring hoe snel je geneigd bent om achter een schijnbare kans aan te hollen. Als je dat één keer doet, is er nog geen ramp gebeurd. Maar als je het steeds opnieuw doet, wordt het op een bepaald moment een (slechte) gewoonte. En die leidt dan vroeg of laat tot slechte resultaten. Bij dat laatste gevolg zeggen velen dat het de schuld is van de markt dat hun trading niet functioneert. Helaas is het kerkhof van mislukte traders vrij groot en als ik met dit boek ook maar één trader kan weghouden van impulsieve trading, dan heb ik al veel bereikt.

Net bij range trading zijn gelimiteerde orders heel belangrijk, want het komt echt wel op elk punt of elke pip aan. Betreed je bijvoorbeeld de markt met een marktorder uit angst dat de trade je zou ontglippen, dan krijg je in de regel een slechtere prijs. Welke koopman gaat zo op koopronde!

Maar aangezien het order bij het traden maar een klik verwijderd is, is het gevaar groot dat je impulsief gaat handelen en slechtere prijzen op de koop toe neemt.

Een vriend van mij heeft een zaak in vruchtensappen. Ik vroeg hem eens wat een vrachtwagen met aardbeien kost als hij die bestelt. Zijn antwoord: zo'n achtduizend euro. Geloof je nu echt dat het mijn vriend niet uitmaakt of een vrachtwagen met aardbeien, die hij door half Europa stuurt, nu 8100 of 7950 euro kost? Ik kan je zeggen, het laat hem absoluut niet koud. Elke euro die hij kan besparen, zal hij ook besparen, anders wordt er niet gekocht.

Deze koopmanshouding moet een trader volgens mij ook hebben. Gelimiteerd handelen betekent: dit is de prijs die ik wil betalen voor deze lading, anders koop ik niet!

Het spreekt toch voor zich dat er steeds weer een zaak door je vingers glipt met een dergelijk "gierige" instelling. Maar vergeet niet: de winst wordt gemaakt bij de aankoop. Wees dus beslist krenterig.

Afbeelding 11: Maïs future (corn), 4-uurgrafiek, 16/3 tot 7/6/2017

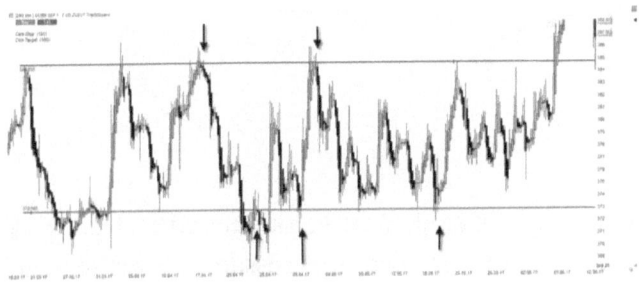

Soms is het de moeite om over traditionele handelsmarkten heen te kijken en stoot je op iets in "onconventionele markten", zoals bepaalde grondstoffen. Dit was bijvoorbeeld het geval in de maïs future (corn) van maart tot juni 2017. Grondstofmarkten hebben trouwens graag de neiging om langer in een trading range te blijven hangen. Als er geen relevant nieuws is dat het fundamentele beeld van de marktspelers verandert, dan is er ook geen reden om een trend op te bouwen.

In dit geval pendelde maïs 3 maanden lang tussen 384 en 372 USD. Niet zo heel veel op het eerste zicht, maar voldoende voor een futures trader. Nadat de range beter zichtbaar werd (ik moest de lijnen meermaals corrigeren), waren er vier glasheldere signalen, die alle vier hun koersdoel bereikten. In dit geval had ik de Heikin Ashi weergave van de grafiek bij de hand genomen.

Afbeelding 12: Maïs future (corn), uurgrafiek, 16/3 tot 7/6/2017

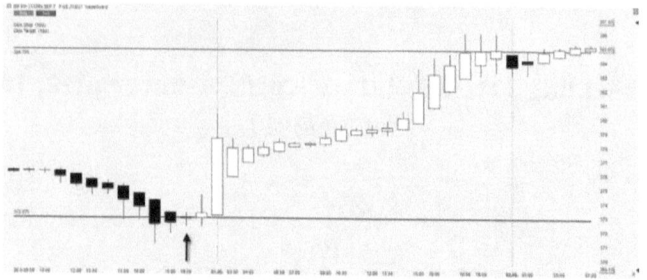

Toen ik terugschakelde naar het kleinere tijdsbestek van de uurgrafiek, was er een interessante situatie aan de ondersteuning. Je ziet een neerwaartse golf (zwarte kaarsen links) die leidde tot een korte daling onder de lijn. Na nog een kaars, die geen nieuwe low vormde, tekende de markt een *doji* precies op de ondersteuningslijn (pijl onderaan).

Afbeelding 13: Doji's en spinning tops

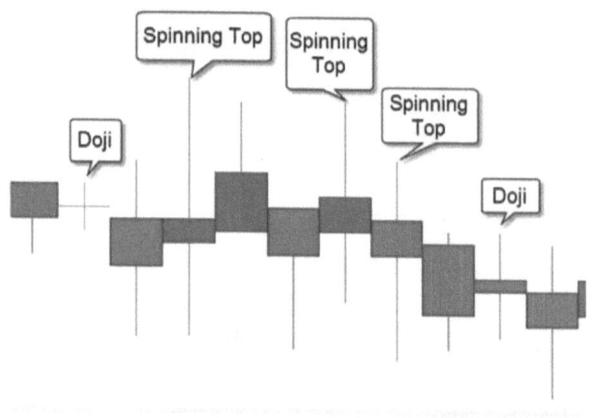

Afbeelding 13 geeft een aantal doji's en spinning tops weer. Doji's hebben geen of slechts een heel klein lichaam met kleine schaduwen. Een doji ziet er dan ook vaak uit als een plusteken. Spinning tops onderscheiden zich door lange schaduwen boven of onder het lichaam van de kaars. Beide patronen veraanschouwelijken een onzekerheid in de markt. Noch beren noch stieren domineren op dat moment het marktgebeuren.

Een doji (zoals in afbeelding 12 van de maïs futures) symboliseert altijd een soort evenwicht tussen kopers en verkopers. Enerzijds hebben de verkopers de markt naar de ondersteuningszone gedreven. De markt ging er kortstondig onder. Dan vormde de markt geen nieuwe lows meer en uiteindelijk dook een doji op, precies op de ondersteuning. Voor mij voldoende reden om me te wagen aan een kooppositie met de weerstandslijn als koersdoel. Zoals je kan zien werd deze inschatting binnen de volgende handelsdag (op 1 mei 2017) bevestigd.

7. Waar staat de stop?

Elke serieuze handelsstrategie moet de vraag naar het mogelijk risico stellen. Bij range trading is dat niet anders. Een niet te onderschatten voordeel van range trading is het feit dat de stop niet geplaatst moet worden volgens charttechnische criteria.

De reden is eenvoudig: de boven- en ondergrens geven de range exact aan. Alles wat zich afspeelt boven of onder de rage moet worden beschouwd als charttechnisch "onbekend gebied" en maakt geen deel uit van het speelveld van de range.

Daarom raad ik aan om de stop te kiezen op basis van risicobeheer en niet op basis van bepaalde patronen op de grafiek. Wie bijvoorbeeld als trader bereid is om evenveel te riskeren als hij kan winnen, kan de stopafstand tot de entryprijs eenvoudig berekenen op basis van de breedte van de range.

Als deze range bijvoorbeeld 100 punten breed is, dan kan deze trader de stop 100 punten onder de koopprijs zetten (of 100 punten boven de verkoopprijs bij shortselling).

Aangezien deze trader evenveel riskeert als hij kan winnen, heeft hij een slaagkans nodig van minstens 51% om winstgevend te kunnen handelen.

Trader A: Kan-risikoverhouding = 1:1

51 winnende trades x 100 =   5100 punten

49 verliezende trades x 100 = 4900 punten

Netto: 200 punten

Trader A, die werkt met een kans-risicoverhouding (KRV) van 1:1, zet natuurlijk in op een goede slaagkans. Deze moet meer dan 50% zijn om geld te verdienen.

Maar er zijn traders die liever inzetten op de grootte van de winst in verhouding tot de grootte van het verlies. Deze traders willen vooral meer winnen als ze winnen en minder verliezen als ze verliezen. Deze traders gaan bijvoorbeeld voor een kans-risicoverhouding (KRV) van 1:2. Ook deze trader wil bij een range van 100 punten breed een winst van 100 punten realiseren. Maar zijn stop bedraagt slechts 50% van de range. De stop ligt dus op 50 punten van de entry. In dit geval zou de rekening er als volgt uitzien:

Trader B: Kans risicoverhouding = 1:2

34 winnende trades x 100 = 3400 punten

66 verliezende trades x 50 =3300 punten

Netto: 100 punten

Trader B zit in de comfortabele situatie dat hij "maar" in 34% van zijn trades "juist" moet zitten om winstgevend te kunnen handelen. Nadeel van zijn methode is natuurlijk dat zijn stop vaker zal worden geraakt dan trader A, die zijn stop veel verder weg heeft staan.

Natuurlijk zijn er naast deze twee risicobeheermodellen nog talloze varianten. Ik ken bijvoorbeeld een olietrader die met negatieve kans-risicoverhoudingen werkt. Hij plaatst zijn stop altijd heel ver weg van de huidige markt, meestal 200 dollarcent. Maar zijn koersdoel is veel kleiner en ligt meestal op 20 of 30 dollarcent. Echter wordt zijn stop maar zelden behaald en meestal sluit hij de trade wanneer hij merkt dat deze de verkeerde richting uitgaat. Hij heeft een soort van innerlijke "tijdstop" terwijl zijn werkelijke stop gewoon een soort "noodstop" is.

Ik raad de lezer niet aan om het hem na te doen. Voor hem werkt het, maar ik ben er zeker van dat veel traders zich bij soort risicobeheer niet lekker zouden voelen.

Afhankelijk van het risicomodel zijn er verschillende mogelijkheden om de parameters te wijzigen om het resultaat te optimaliseren. Trader A, die werkt met een KRV van 1:1, kan niet zoveel aan zijn slaagkans veranderen, want die is al hoog (meer dan 50%). Maar hij kan net zoals de olietrader proberen om verliezende trades sneller te sluiten en het niet zover laten komen dat zijn stop wordt behaald.

Als het hem bijvoorbeeld zou lukken dat hij bij verliezende trades gemiddeld slechts 70 punten verliest in plaats van 100, dan zou zijn netto resultaat er al veel beter uitzien.

Trader A: KRV = 1:1

51 winnende trades x 100 = 5100 punten

49 verliezende trades x 70 =3430 punten

Netto: 1670 punten

In dit geval zou trader A na 100 trades een netto winst van 1670 punten behalen. Dit betekent dat hij per trade een gemiddelde winst van 16,70 punten kan verwachten. Dat is toch al veel beter dan de minimale 2 punten per trade waar ik in eerste instantie van uitging (als je de trade consequent op 100 punten laat stoppen en er niet vroeger uitstapt).

Maar ook trader B kan zijn resultaat optimaliseren. Aangezien hij al met een krappere stop-los werkt dan trader A, zijn hier minder mogelijkheden tot optimaliseren (maar het is niet onmogelijk). Trader B zou bijvoorbeeld kunnen proberen een betere slaagkans te bekomen door een kwalitatievere keuze van zijn trades. Hij zou kunnen proberen in plaats van zijn slaagkans van slechts 34% net als trader A een slaagkans van 50% te behalen. Als dat hem zou lukken, zou zijn rekening er zo uitzien:

Trader B: KRV = 1:2

50 winnende trades x 100 = 5000 punten

50 verliezende trades x 50 =2500 punten

Netto: 2500 punten

In dit geval zou trader B na 100 trades zelfs een netto winst van 2500 punten of 25 punten per trade kunnen verwachten. Een nog beter resultaat dan dat van trader A.

Natuurlijk zijn deze rekenvoorbeelden puur hypothetisch en de strijd om de winstgevendheid is in werkelijkheid vaak zwaarder dan het hier misschien lijkt. Als ik zeg dat trader B een dergelijk resultaat kan behalen, dan zal dat enkel gebeuren als hij de kwaliteit van de trades die hij is aangegaan werkelijk verbetert. In dit boek zullen we het af en toe ook hebben over het vinden van zo goed mogelijke entries met de wetenschap dat er steeds weer verliezende trades zullen zijn. Je kan deze best vanaf het begin mee incalculeren om van range trading een realistisch beeld te verkrijgen.

8. Vragen rond trade management

Moet je de trade voor het weekend sluiten?

Als de trader het entry punt, het exit punt (koersdoel) en ook het stop-loss niveau snel en efficiënt heeft geïdentificeerd, rest natuurlijk nog de vraag hoe je een lopende trade moet "beheren" zolang noch het koersdoel noch de stop werd bereikt. Deze vraag komt vooral op voor het weekend (indien er bijvoorbeeld verkiezingen gepland zijn) en voor belangrijke gebeurtenissen op de beurs (rentbeslissingen van centrale banken).

Als je graag "flat" bent in het weekend, dan raad ik aan om in ieder geval de trade te sluiten, ongeacht of je in de winst of in het verlies staat. Hetzelfde geldt natuurlijk bij rentebeslissingen van centrale banken. Maar deze verlopen niet altijd zo dramatisch als je zou denken. Hier raad ik eerder aan om de trade te behouden, vooral als je werkt met grotere tijdsbestekken zoals de uurgrafiek of zelfs de vier-uurgrafiek of de daggrafiek. Laat je niet al te veel beïnvloeden door dergelijke gebeurtenissen. De ene keer zal de gebeurtenis in je voordeel uitdraaien, de andere keer in je nadeel. Het zij zo. De consistentie van je handelsbeslissingen en de vragen rond risicobeheer zijn veel belangrijker.

Alleen al na het weekend riskeer je natuurlijk dat je op maandag (of zondagavond voor forex traders) wordt verrast door een gap die je risicostop overschrijdt (het

45

tegenovergestelde kan natuurlijk ook: een gap die je koersdoel ver overschrijdt. Geschenk!).

Mijn ervaring leert me dat op langere termijn dergelijke gebeurtenissen elkaar compenseren. Daarom moet je de zaak beter op zijn beloop laten. Enkel de traders die met een te grote hefboom (te grote positie) in de markt zitten, moeten zich zorgen maken. Deze traders horen niet thuis op de beurs. Hoe sneller ze uit de markt worden gegooid, hoe korter de pijn.

Moet je bij range trading trailing stops inzetten?

Een trailing stop is een prachtig instrument dat kan worden ingezet om de winst te maximaliseren. Dit is vooral dan belangrijk wanneer de trader bij een trade al hoge winsten heeft gerealiseerd en nu nog de laatste tics of pips uit de trade wil halen. Dan kan een trailing stop zeker helpen.

Maar als je aan range trading doet, is het koersdoel begrensd. Binnen de range gebeuren soms de vreemdste dingen. Het is een totaal andere marktsituatie dan wanneer de trader een lang aanhoudende trend te pakken heeft gekregen, die nu zijn einde tegemoet gaat en waarvan hij ook de allerlaatste punten nog wil meenemen.

Daarom wil ik aanraden om bij range of channel trading geen trailing stop te gebruiken. In de regel kan je hiermee je winst niet optimaliseren.

Bij range trading moet je vertrouwen op de ondersteuning en weerstand. Soms zijn er korte spikes (uitschieters) in de ene of de andere richting. Als je dan aan de andere rangegrens een take profit hebt geplaatst, kan het gebeuren dat je positie sneller met maximale winst uit de markt wordt gehaald dan je oorspronkelijk had verwacht. Dat zijn dan de kleine geschenken voor range traders. En die smaken natuurlijk heerlijk zoet!

C. Wat moet je doen als de trade "nergens" naartoe gaat?

Deze situatie doet zich natuurlijk ook voor. Je hebt een positie. De trade bevindt zich in het midden van de range (is dus winstgevend) maar de markt beweegt zich al urenlang (of dagenlang) amper. Als het weekend dan voor de deur staat, kan je natuurlijk de trade sluiten.

As je je onzeker voelt, raad ik altijd aan om de positie te sluiten of op zijn minst te verkleinen. Heb je bijvoorbeeld twee contracten, dan kan je er eentje sluiten en afwachten of het gewenste scenario zich alsnog voordoet voor het tweede contract. Als dit na een bepaalde tijd nog steeds niet het geval is, dan raad ik aan om het tweede contract ook te sluiten.

D. Moet ik bij winst de stop dichter bij de markt schuiven?

Hier zou ik heel voorzichtig zijn. Zoals gezegd: binnen de range gebeuren de vreemdste dingen. Je zal ondervinden dat bijvoorbeeld een kooppositie bijna het koersdoel heeft bereikt (de weerstandslijn) en de koers dan toch nog eens snel terugspringt naar de ondersteuning, alsof hij nog eens een aanloop moet nemen om dan uiteindelijk de bovengrens van de range te bereiken. Dit scenario is niet ongewoon. Alleen al om die reden zou ik bij range trading de stop nooit binnen de range plaatsen. Maar wanneer de trade kort bij het koersdoel is, kan je de stop wat korter naar de entry toeschuiven om het risico te beperken. Zoals echter gezegd: ik ben hier eerder terughoudend en ben van mening dat dergelijke maatregelen op langere termijn (ook op een termijn van honderden of duizenden trades) haast geen positieve invloed hebben.

Het lijkt me veel belangrijker dat de trader zijn systeem leert vertrouwen. Dit heeft gemiddeld wel een positieve invloed op het resultaat. Als een trader zijn systeem vertrouwt, neemt hij ook posities in die veel van zijn concurrenten niet zouden innemen. Dit zijn vaak de meest winstgevende posities. En dat is wat een professional onderscheidt van een amateur. Een professional ziet een signaal en neemt de trade zonder zich al te veel vragen te stellen, precies omdat hij zijn strategie vertrouwt en inzet op het statistische voordeel van zijn systeem.

Wie zijn stop te vaak verandert, geeft zijn onderbewustzijn toch het signaal dat hij het zaakje niet vertrouwt.

Op langere termijn (vanaf duizend trades en meer) heeft dit, zoals gezegd, haast geen invloed. De ene keer loop je wat minder verlies op als je pech hebt, de andere keer wordt het koersdoel uiteindelijk toch nog bereikt.

De kwaliteit van de trades die je bent aangegaan en de consequente uitvoering ervan zijn meer van belang. De kans-risicoverhouding van minstens 1:2 zet zich dan op een bepaald moment om in een voordeel voor de trader. Op voorwaarde dat de slaagkans hoger ligt dan 33,33%.

Maar dat zijn erg pessimistische slaagkansen. Realistische slaagkansen bij range trading liggen eerder tussen 50-60%. Zelfs bij slechts 40 of 45% kan range trading erg winstgevend zijn, op voorwaarde dat de trader zijn kans-risicoverhouding niet te veel blijft manipuleren. Met andere woorden: hij laat de markt bepalen of eerst het koersdoel of de stop wordt behaald.

9. Voorbeelden van range markten

A. Trading ranges in de deviezenmarkt

Afbeelding 14: EUR/JPY, uurgrafiek, 6 juni - 16 juni 2017

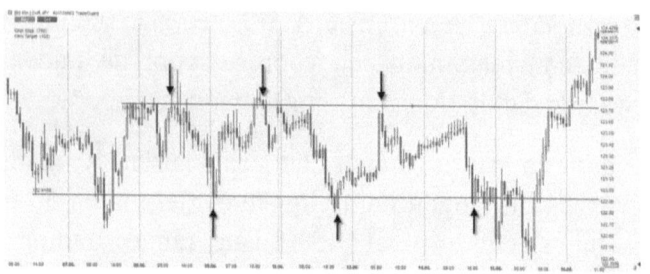

Een trading range is niet altijd eenvoudig te herkennen. Zoals reeds gezegd is het veel belangrijker dat de ondersteuningslijn of de weerstandslijn minstens twee keer wordt aangeraakt. Pas dan is de range bevestigd, zoals in bovenstaand voorbeeld op de uurgrafiek van de EUR/JPY. Pas nadat de trader de range had ontdekt, kon hij ook handelssignalen (pijlen op de grafiek) met betrekking tot de range bepalen.

In bovenstaand voorbeeld in de EUR/JPY deden zich zes handelssignalen voor: drie short signalen (pijlen bovenaan) en drie long signalen (pijlen onderaan). De range werd vastgezet tussen 123,71 en 122,91 en had dus een schommelingsbreedte van 80 pips. Dit is voldoende om een behoorlijk risicobeheer mogelijk te maken. Als de trader gaat voor een kans-risicoverhouding van 1:2, dan plaatst hij het stop-loss order op 40 pips van de entryprijs.

Om als trader de winst werkelijk te kunnen realiseren van zodra het koersdoel wordt bereikt, raad ik aan om bij range trading altijd te werken met **bracket orders**. Dat betekent dat de trader bij het aangaan van de trade aan de positie ook meteen een stop-loss order en een take-profit order toevoegt.

Dit heeft veel voordelen. Zo is het risico duidelijk gedefinieerd. In afbeelding 14 ligt het vast op 40 pips. Zo is ook het koersdoel vanaf het begin duidelijk: 80 pips. De trader weet dus dat hij de range winstgevend verhandelt als hij een slaagkans van iets meer dan 33,33% realiseert. Met andere woorden: 60% van de trades kunnen op verlies uitdraaien, maar het eindresultaat kan alsnog winst zijn, weliswaar een kleine winst.

Dergelijke duidelijke en ondubbelzinnige richtlijnen zijn van onschatbare waarde als je als trader op lange termijn een solide business wil opbouwen. Goede traders werken altijd met kristalheldere parameters die ze op elk moment perfect kunnen beschrijven. Dat is ook de reden waarom ik fan ben van range trading, omdat ik hier de spelregels zelf bepaal.

Bovendien moet je met deze methode je trades niet constant in de gaten houden, tenminste zolang je werkt met tijdsbestekken van een uur of hoger. De meeste van deze trades zullen meerdere uren tot zelfs enkele dagen nodig hebben om het koersdoel te bereiken. Daarom bekijken we de zes trades in de EUR/JPY (afbeelding 14) wat meer in detail.

Trade 1: short 123,71: hier kwam de markt kort bij de stop, maar behaalde de stop niet. Het koersdoel werd de volgende dag behaald.

Trade 2: long 122,91: de trade kwam nooit in de problemen. Het koersdoel werd diezelfde dag 's avonds behaald.

Trade 3: short 123,71: Het koersdoel werd de volgende dag 's avonds behaald.

Trade 4: long 122,91: Het koersdoel werd de volgende dag behaald.

Trade 5: short 123,91: Hier werd het koersdoel pas na twee dagen bereikt.

Trade 6: long 122,91: De trade werd de volgende dag met 40 pips verlies gestopt.

De balans van deze 6 handelsdagen:

5 winnende trades x 80 pips = 400 pips

1 verliezende trade x 40 pips = 40 pips

Totaal: 360 pips

Ook interessant is dat de verliezende trade gepaard ging met een fake breakout naar beneden, die voorafging aan de eigenlijke uitbraak naar boven. Wie dat had gezien, had dit natuurlijk ook kunnen verhandelen, maar dat is al een stap verder en dat wil ik dus later behandelen.

Wat me in eerste instantie belangrijk lijkt, is dat je de voordelen van de range trading strategie kan herkennen. Het is absoluut geen spectaculaire strategie, maar je kan er wel veel succes mee boeken bij een consequente doorvoering.

Nu zal je als range trader niet altijd zo'n uitstekend resultaat kunnen boeken als bij deze zes trades in de EUR/JPY. Alle winnende trades hebben bijvoorbeeld het koersdoel bereikt, wat echter niet altijd het geval is. Hier kon je er alles uithalen wat erin zat. Als een of twee van je trades het koersdoel niet bereiken of maar voor de helft, dan is het duidelijk dat de winst minder spectaculair zal uitvallen.

Bovendien had de trader op zes trades slechts één verliezende trade. Dat komt overeen met een slaagkans van 83,33%, wat natuurlijk uitstekend is. Uiteraard zal dit de trader ook niet altijd lukken. Maar zelfs slaagkansen van 50% zijn meestal voldoende om met deze methode een winstgevende trading-business op te bouwen.

De basis van deze business is:

1. Het opvolgen van een korf verhandelbare markten
2. een duidelijke setup gebaseerd op ondersteuning en weerstand
3. een realistische kans-risicoberekening

Dit kan een trader allemaal doorvoeren zonder zijn trades voortdurend te moeten "monitoren". Eén tot twee uur werken per dag volstaan hier volkomen.

Afbeelding 15: GBP/JPY, 2-uurgrafiek 26/02 tot 23/03/2017

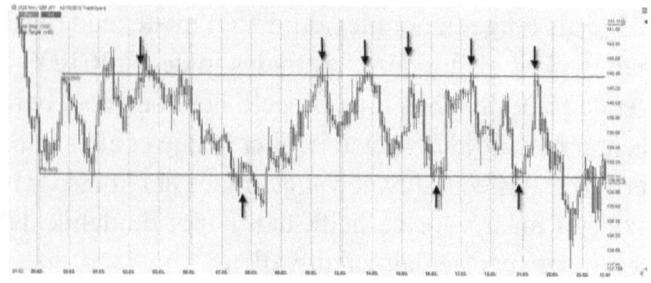

Nog een range die ik in het valutapaar GBP/JPY (Britse pond - Japanse yen) heb ontdekt, vormde in een periode van vier weken liefts negen signalen, zes aan de short zijde en drie aan de long zijde. De bovengrens van de range had ik vastgelegd op 140,35. De ondergrens op 139,00. De schommelingsbreedte van deze range lag dus op 135 pips, wat ook te verwachten is bij een valutapaar als de GBP/JPY.

Als de trader uitgaat van dezelfde kans-risicoverhoudingen als in de EUR/JPY, zal zijn koersdoel net 135 pips bedragen en zijn risico 67 pips. Interessant genoeg waren er in dit voorbeeld geen verliezers. Er waren enkele valse uitbraken die eerst tegen de trade in liepen, maar zelfs de eerste long positie (pijl links onderaan), die meer dan twee dagen in het verlies stond, bereikte uiteindelijk het koersdoel.

Weliswaar bereikten twee short trades het koersdoel niet (tweede en derde pijl links bovenaan). Ze keerden terug naar de weerstandslijn zonder verlies te veroorzaken. Deze trades beschouw ik dan ook als break-even trades. Resultaat = 0.

Ondanks deze gebreken waren er zeven trades die het koersdoel van 135 bereikten. Dat zijn 935 pips in vier weken!

Afbeelding 16: USD/CHF, uurgrafiek, 22/01 tot 31/01/2017

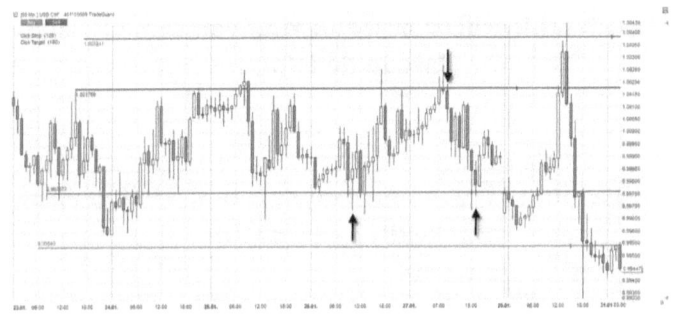

Eind januari 2017 was er een overzichtelijke range in het valutapaar USD/CHF. De bovengrens lag op 1,0018. De ondergrens op 0,9972. Met andere woorden, het paar danste in deze periode rond de valutapariteit (1,000). Ranges op dergelijk opvallende niveaus zijn niet ongewoon. Hier worden kopers snel verkopers en omgekeerd, wat deze range duidelijk weergeeft. Voor een slimme range trader biedt dit natuurlijk kansen om hier en daar in de schaduw van de grote spelers enkele pips te verzamelen.

In totaal waren er in deze 9 dagen tijd drie geldige handelssignalen (peilen) die allemaal winstgevend waren. De range was zelfs 44 pips breed. Dat betekent dat de stop op 21 punten van de entry stond. Beide rode lijnen bovenaan en onderaan duiden de stopplaatsingen van de trades aan. Ze werden nooit bereikt.

Nadat het tweede long signaal werd gekocht (pijl rechts onderaan), opende het paar na het weekend weliswaar met een kleine down gap, maar de positie werd niet gestopt. Enkele uren later werd dan ook hier het koersdoel bereikt.

B. Gedetailleerdere beschouwing van een zijwaartse fase in de E-mini

Afbeelding 17: E-mini, 4-uurgrafiek, Heikin Ashi, 22/05/2017 - 11/07/2017

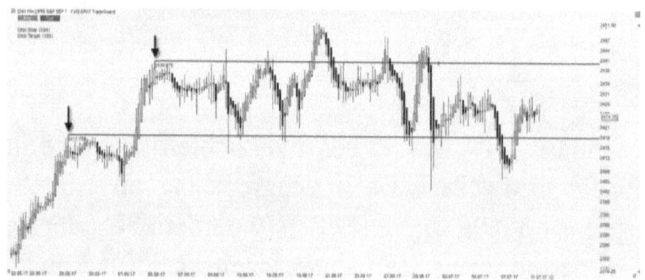

Tussen eind mei en eind juli 2017 ging de Amerikaanse index SP500 over in een zijwaartse fase die ik hier ook wat gedetailleerder wil bekijken. De beide pijlen die twee opmerkelijke highs aangaven bij de voorafgaande rally (links op de grafiek), bleken later de beide grenzen van de range te zijn. Deze was dan ook relatief eenvoudig te verhandelen. We bekijken de periode eens in detail.

**Afbeelding 18: E-mini, uurgrafiek Heikin Ashi,
12/06/2017 tot 23/06/2017**

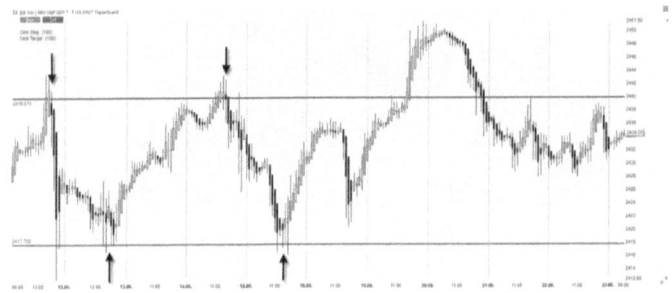

De pijlen op de weergave in de uurgrafiek geven de verhandelbare signalen opnieuw weer. Er waren twee onberispelijke short signalen (pijlen bovenaan), die beide het koersdoel (onderste rangelijn) bereikten. Ook de twee long signalen waren winstgevend. Het tweede signaal (pijl rechts onderaan) bereikte het koersdoel eerst niet, maar de trade was nooit echt in gevaar.

Je zou me kunnen zeggen dat ik de eerste aanraking met de ondersteuning (helemaal links op de grafiek) niet als signaal heb aangeduid. Hier ging het zo snel dat een rustige swingtrader haast niet de kans had om te handelen. Je moet nu ook niet elk signaal nemen.

Nadat het tweede long signaal het koersdoel bereikt had, doorbrak de markt de bovengrens naar boven, zodat we in eerste instantie van een geslaagde uitbraak moesten uitgaan. Het spreekt voor zich dat we in deze omstandigheden niet short gaan. Pas de volgende dag draaide de markt terug in de range.

Afbeelding 19: E-mini, uurgrafiek Heikin Ashi, 23/06/2017 tot 7/07/2017

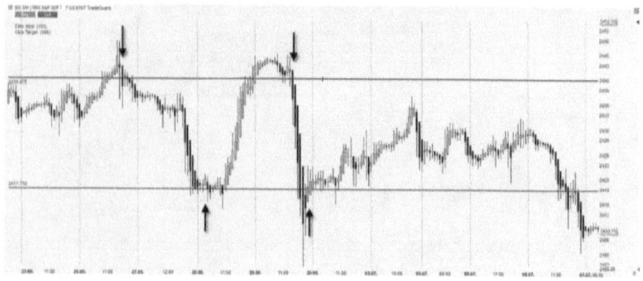

In het volgende deel van dezelfde markt doken weer vier signalen op, twee long en twee short. De eerste drie bereikten het koersdoel probleemloos.

Bij het eerste short signaal (pijl bovenaan links) doorbrak de markt wel heel even de weerstandslijn naar boven, maar vormde dan een spinning top waarna de markt weer terugkeerde in de range.

Een gelijkaardig scenario deed zich voor bij het tweede short signaal. Hier stelde de markt wel het geduld van de trader op de proef, maar uiteindelijk gaf ook hier een spinning top het signaal dat de kopers niet de nodige kracht hadden om de markt langdurig boven de weerstand te houden.

Het eerste long signaal (pijl links onderaan) kwam nadat de markt de onderkant van de range netjes bereikt had. Hier doken twee doji's op die het long signaal in werking lieten treden. Het duurde alleszins nog enkele uren voordat de E-mini weer de hoogte in schoot. We zien ook duidelijk een kleine uitschieter naar beneden. Wie hier de stop te nauw had geplaatst, werd waarschijnlijk eruit gegooid. Dit is natuurlijk een klassiek geval van een misleiding of fake, waar ik het later nog over heb, als we bij het thema stop-plaatsing en risicominimalisering komen.

Bij het tweede long signaal ging de markt kort onder de ondersteuning. Deze overdrijving kon je in alle rust afwachten om dan in de daaropvolgende uren de ondersteuning te kopen. Enkele doji's en spinning tops gaven hiervoor meer dan voldoende gelegenheid. Zolang de Heikin Ashi candles zwart of rood kleuren, zie ik geen reden om te kopen. Pas wanneer tekenen van een afzwakkende dalende trend zichtbaar worden en de markt terugkeert in de range ben ik geïnteresseerd in een long positie.

Hopelijk kan je hieruit afleiden dat het bij deze methode niet om haast gaat. Als ik eens een signaal mis, dan weet ik dat er altijd wel weer een ander signaal komt. Het komt er echt op aan dit soort trading in alle rust en doordacht door te voeren. Je mag pas handelen als er een duidelijk signaal voorhanden is.

Het tweede koopsignaal (pijl onderaan rechts) leidde in feite tot niets. Er ontstond geen verlies, maar als een markt als deze dagenlang lusteloos zijwaarts gaat zonder ook maar de andere kant van de range te bereiken, is het volgens mijn ervaring beter om de positie geleidelijk aan af te bouwen of volledig te sluiten.

Het afbouwen kan als volgt gebeuren. We gaan ervan uit dat de trader 3 E-mini contracten heeft gekocht. Nadat de markt na twee handelsdagen wel gestegen was, maar dan weer terugviel, kon hij een eerste contract verkopen (met een kleine winst). De volgende dag liep de markt weer zijwaarts zonder de bovengrens (het koersdoel) ook maar in de verste verte te beogen. Hier wordt het tweede contract verkocht en de stop-loss werd ondertussen op break-even geplaatst. Als je al drie dagen op de markt bent zonder het koersdoel te bereiken, dan moet het risicobeheer ingrijpen. Bij het laatste contract heeft de trader dan de keuze om af te wachten tot de break-even stop wordt gehaald of hij kan deze stop zelfs geleidelijk aan korter naar de markt toe schuiven.

Ik neig naar de tweede optie. Niet omdat ik mijn methode niet meer vertrouw (het koersdoel kan op een bepaald moment alsnog behaald worden), maar vanuit de ervaring dat hoe meer tijd een trade nodig heeft, hoe onwaarschijnlijker het wordt dat het koersdoel daadwerkelijk wordt behaald. Eerder gebeurt het tegendeel, zoals dan ook het geval was in dit voorbeeld.

Maar er is ook een belangrijkere reden waarom je in dergelijke gevallen moet denken aan het sluiten van je positie. Er is haast niets wat een trader zo op de zenuwen kan werken als een markt die nergens heen voert. Natuurlijk bestaat "de kans" nog steeds dat de trade uiteindelijk tot succes leidt, maar deze kans wordt met de dag kleiner. Daarom is het meestal beter om de trade te sluiten en iets nieuws te proberen.

Ook dat is mogelijk: een markt die je "een beetje" winst oplevert zonder dat het koersdoel wordt behaald. Zoals je kan zien, was het sluiten van de positie de beste optie, want enkele dagen later viel de markt onder de ondersteuningslijn.

C. Diepgaandere beschouwing van een zijwaartse fase in de FDAX

Afbeelding 20: FDAX, 4-uur staafgrafiek, 24/03/2017 - 02/08/2017

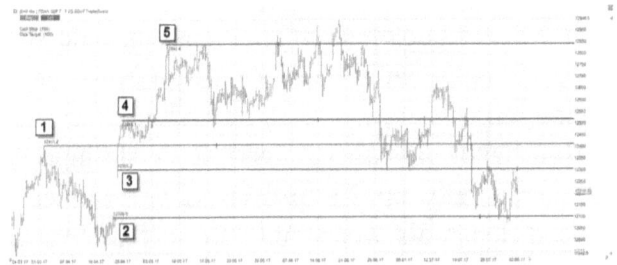

Als we deze overzichtsgrafiek (4-uurgrafiek) van de FDAX futures bekijken, vallen ons onmiddellijk enkele opvallende punten op die de moeite waard zijn om wat meer in detail te bekijken. Links op de grafiek heb ik 5 punten gemarkeerd die vijf prijsniveaus vertegenwoordigen die in de daaropvolgende weken en maanden een belangrijke rol hebben gespeeld en op het moment van de screenshot (2 augustus 2017) nog steeds belangrijk waren.

1. **Het eerste prijsniveau** geeft een opmerkelijke high weer op 12.413 punten op 3 april 2017, vanwaar een verkoopgolf begon. Later in juli speelde deze een belangrijke rol als ondersteuning van een range.
2. **Het tweede prijsniveau** toont de slotkoers van vrijdag 21 april 2017 op 12.099 punten. Dat was de vrijdag voor de eerste verkiezingsronde in Frankrijk. Nadat Emmanuel Macron die op zondag 23 april

duidelijk had gewonnen, opende de DAX op maandag met een stijgende gap (Macron gap) van 185 punten. In de loop van de dag steeg de DAX verder. De slotkoers van deze dag kwam precies overeen met de high bij pijl 1.

3. **Het derde prijsniveau** toont de openingsprijs na de verkiezingen (Macron gap) op 12.305 punten. Dit niveau deed ook later in juli dienst als ondersteuning van de range en als weerstand van een latere range eind juli.

4. **Het vierde niveau** markeert de eerste high van de Macron rally op 25 april op 12.518 punten. Deze deed dienst als weerstand van de eerste range van juli.

5. **Het vijfde niveau** markeert de voorlopige high van de "Macron rally", die startte op 24 april. Deze high lag op 5 mei op 12.841 punten en werd op het moment van de screenshot (2 augustus 2017) niet langdurig overschreden.

Deze vijf "gebeurtenissen" zullen het speelveld voor de DAX de komende weken bepalen. Je ziet hier duidelijk dat de gap van 24 april (nog) niet werd gesloten. Als dit ook niet gebeurt, spreekt men in de technische analyse van een "runaway gap". Dit betekent dat de kopers zo dominant zijn, dat ze de verkopers overrompelen en een rally op touw zetten zonder terug te kijken, wat er dan ook gebeurde.

Nu was de "Macron rally" goed voor 700 punten in de FDAX. Maar hij was moeilijk te verhandelen, want dan had de trader vrijdag voor de verkiezingen een kooppositie moeten openen. Hij had er dus op moeten speculeren dat Macron de eerste verkiezingsronde zou winnen en dat de markt daar positief op zou reageren. Dit scenario was voor de verkiezingen in de prognose wel te voorspellen, maar het was in geen geval zeker. Wat zou er gebeurd zijn als het resultaat voor Macron niet zo gunstig was uitgevallen? Als de tegenpartij LePen een gunstig resultaat had bekomen waardoor ze een realistisch perspectief had gehad om ook de tweede verkiezingsronde te halen? Had de DAX in dit scenario dan met een dalende gap van 185 punten geopend? Een stop-loss zou hier ook niet geholpen hebben. De trader had in dit geval een groot verlies moeten lijden.

Dit is ook een van mijn kritiekpunten bij het verhandelen van trends. In dit geval moet de trader werken met stops die heel ver van de huidige koers verwijderd zijn. Met andere woorden: om de Macron rally van 700 punten te verhandelen, moet de trader een stop-afstand van minstens 200 punten aanhouden, anders riskeert hij door een toevallige beweging in de tegenovergestelde richting uit de markt gegooid te worden. Maar kans-risicoverhoudingen van 200:700, dus 1:3,5 zijn nog steeds heel goed. Ik ken echter maar heel weinig traders die in de mogelijkheid zijn om dit met een DAX future te verhandelen. Je zou dus financiële instrumenten nodig hebben met een lagere hefboom, zoals bijvoorbeeld een ETF op de DAX.

Met andere woorden: dergelijke trends verhandelen is absoluut mogelijk, maar de trader moet dan minstens met 4-uurgrafieken, of beter nog met daggrafieken werken. Een dergelijke methode noemt men swingtrading. Hoe je dit kan doen, heb ik behandeld in mijn driedelige reeks "Swingtrading met de 4-uurgrafiek".

De trader die de Macron rally heeft gemist (de meesten), zit nu met het probleem dat hij in een marktomgeving terechtgekomen is waar men alsnog probeert de Macron rally te "te boven te komen".

Nadat op 5 mei de FDAX de eerste swing high neerzette op 12.842, ging de FDAX wekenlang in een trading range over met een schommelingsbreedte van amper 200 tot 250 punten. De Macron rally was dus weer een uitzondering terwijl de daaropvolgende range de regel werd.

De FDAX probeerde wel enkele keren de high van 5 mei te overschrijden, maar dit lukte slechts kort, zoals de valse uitbraak over de bovenste horizontale grenslijn toont. Wie als trendtrader er dus op had ingezet dat de markt de Macron rally zou voortzetten en de uitbraken verhandelde, moest enkele uren later de markt met verlies verlaten. We zien dat de DAX na elke poging tot uitbraak zo'n goede 200 punten terugkwam en zo de range bevestigde en versterkte.

In totaal waren er meer dan 10 aanrakingen met de bovenste weerstand van 12.842. Op het moment van de screenshot was de DAX er nog steeds niet in geslaagd om deze weerstand te breken. Aangezien je minstens twee aanrakingen nodig hebt om een weerstand als zodanig te kunnen herkennen, vormen de eerste twee voor de range trader geen signaal. Pas vanaf de derde aanraking kon een short signaal worden geopend met de ondersteuning als koersdoel. Er waren er in totaal acht, waarvan zeven winst hadden opgeleverd. De uitbraak van 19 juni moet als geslaagd worden beschouwd, ook als de koersen zich de volgende dag weer binnen de range bevonden.

De range duurde in totaal meer dan twee maanden. Daartegenover duurde de "Macron rally" slechts 9 handelsdagen. Dit illustreerde het feit dat trendbewegingen meestal van korte duur zijn, terwijl de markten in de meeste gevallen zich niet in een trendbeweging bevinden. De vraag is natuurlijk: kan je als trader elk van deze belangrijke trendbewegingen meenemen en ben je ook in staat om op het juiste moment in te stappen en ook op het juiste moment uit te stappen?

Als je deze vraag volmondig met "ja" kan beantwoorden, dan feliciteer ik je en raad ik je aan om trendtrader te worden. Als je de vraag beantwoordt met twijfels of als je volmondig met "nee" antwoordt, dan raad ik je aan om je plannen om "trends" in de markt te willen verhandelen in vraag te stellen.

Afbeelding 21: FDAX future, 4-uurgrafiek, 5 mei tot 25 mei 2017

In het voorbeeld hierboven op afbeelding 21 geven beide pijlen het ogenblik aan waarop de range werd bevestigd. Vanaf dat ogenblik was het "speelveld" van de range traders duidelijk gedefinieerd. De bovengrens was nog steeds de high van 5 mei 2017 op 12.840. Voor de ondergrens (rode horizontale lijn in het midden) waren op de 4-uurgrafiek twee lows nodig op een prijs van 12.667. Met andere woorden: de zijwaartse fase die de FDAX future nu binnenging was amper 174 punten breed. Maar voor een goede range trader is dit voldoende om winstgevende signalen te bekomen.

De volgende aanraking, nadat de range was bevestigd (pijl bovenaan), vond enkele uren later plaats aan de bovenzijde. Interessant genoeg slaagden de kopers er niet in om het weerstandsniveau op 12.840 ook maar echt aan te raken. Er ontbraken twee punten. Als je als trader zoiets ziet, krijg je interessante informatie van de markt. De kopers hebben niet voldoende kracht (en geld) om zelfs de weerstandslijn te bereiken, wat wijst op een tijdelijke zwakte van de kopers. Enkele uren later ging de markt consequent de andere richting uit. Is dit voldoende voor een short trade?

Voor mij duidelijk niet. Ik had graag een bevestiging gehad aan de weerstandslijn, die voor mij betekent dat de stieren "uitgeput" zijn. Aangezien dit ontbrak, nam ik dus ook geen short positie in.

De DAX ging nu in zuidelijke richting en bereikte snel de ondergrens van de range op 12.666 (rode lijn). Kan je als range trader hier dan direct een kooppositie innemen? Ook hier is voor mij de eenvoudige aanraking met de onderkant van de range in geen geval voldoende om te kunnen handelen. Ik wil een bevestiging van de markt zien, dat de trein snel weer vaart maakt in de andere richting.

Zoals je duidelijk kan zien, bleef de bevestiging uit, de DAX daalde zelfs diep onder de grens van de range. Wie hier dus naïef long was gegaan, zou met verlies eruit worden gegooid. De FDAX ging echter niet zomaar ergens willekeurig heen. De eerste high van de Macron rally op 12.518 (horizontale blauwe lijn) werd vrij nauwkeurig behaald. Meer bepaald ging de FDAX nog enkele punten dieper onder het ronde getal 12.500. Maar je ziet duidelijk dat de markt hier draaide.

Afbeelding 22: FDAX, uurgrafiek Heikin Ashi, 17 mei tot 1 juni 2017

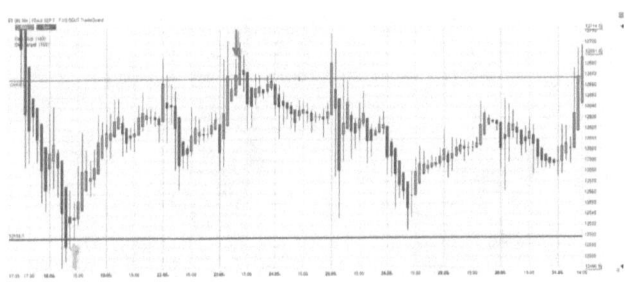

We zoomen een beetje in op de grafiek en bekijken nu op de uurgrafiek de periode van zo'n 2 weken waarin de FDAX onder de rode middenlijn (bovenaan) bleef.

Na de race naar de blauwe lijn onderaan (de eerste high van de Macron rally) op 12.518 draaide de markt en vormde op de uurgrafiek een spinning top, wat een evenwicht aangeeft tussen kopers en verkopers. Hier had je een long positie (groen pijl onderaan) kunnen innemen met als koersdoel 12.666, dus de rode middenlijn. Dit doel werd ook behaald.

In totaal waren er drie aanrakingen met de rode weerstandslijn, maar van de drie short signalen werd er slechts één (rode pijl bovenaan) uitgevoerd. Deze trade bereikte het koersdoel niet en moest met een klein verlies uit de markt worden gehaald.

Daarna bleef de FDAX binnen de trading range en vormde nog een keer een short signaal, dat echter niet werd uitgevoerd.

Afbeelding 23, FDAX, uurgrafiek, 1 juni tot 22 juni 2017

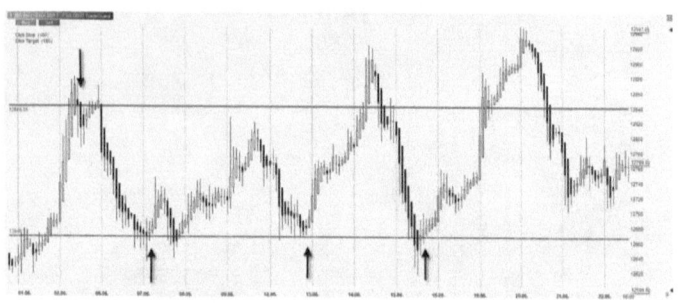

Nadat de FDAX op 1 juni 2017 de rode middenlijn opnieuw veroverd had, doken er weer verhandelbare signalen op. Op 2 juni was er een short signaal (pijl links bovenaan) waarna de FDAX de high van de Macron rally op 12.840 had bereikt. Nadat de markt kort boven deze high was uitgeschoten, dook een spinning top op, die het short signaal op deze plaats in werking stelde. Je kon aan de bovengrens van de range short zijn gegaan als je in het achterhoofd hield dat de markt de "Macron rally" op elk moment weer kon oppikken.

De betere kansen lagen dan duidelijk aan de long zijde. In totaal waren er drie koopsignalen (drie pijlen onderaan) die alle drie winstgevend waren. Enkel het eerste signaal (pijl links onderaan) bereikte het koersdoel (bovenste horizontale lijn) niet. De andere twee overtroffen het koersdoel zelfs.

De twee uitbraken boven de ondergrens moeten als geslaagde uitbraken worden beschouwd, ook als ze wat later toch valse uitbraken bleken te zijn. Dat kon de trader op het ogenblik van de uitbraak nog niet weten. Daarom is het altijd beter een duidelijk signaal van zwakte aan de bovengrens af te wachten. Maar dit bleef de eerste uren na de uitbraak uit. Daarom ben ik hier ook niet short gegaan.

In totaal toont de meer gedetailleerde beschouwing van een langere zijwaartse fase in de FDAX dat dit in ieder geval een reeks interessante handelssignalen kan opleveren, op voorwaarde dat je het geduld hebt om hierop te wachten. Het is natuurlijk doorslaggevend dat je de "kijk naar links op de grafiek" beheerst.

10. Gevorderde strategieën

A. Koopjeslimieten

Als je de basisstrategie van range trading beheerst, ben je misschien op een dag zo ver om te gaan nadenken over gevorderde strategieën. Hoewel de basisstrategie heel winstgevend kan zijn, als ze juist wordt gebruikt, is het ook nuttig je bezig te houden met methodes waar je op het eerste zicht misschien niet toe gekomen was.

Een van deze methodes is het inzetten van zogenaamde "koopjeslimieten". Een koopjeslimiet is een "koopje" waarbij de uitvoeringsprijs duidelijk lager ligt dan de laatst verhandelde koers. Bij een short positie ligt de uitvoeringsprijs duidelijk hoger dan de laatst verhandelde koers.

Traders die graag werken met koopjeslimieten, speculeren op kortstondige koersuitlopers naar boven of beneden. Deze worden in principe op korte tijd weer ingehaald. Het klassieke geval is de reeds genoemde flash crash, waarbij het orderboek van een markt plots wordt schoongeveegd en er geen kopers meer zijn. De markt stort dan meestal binnen enkele minuten in, tot een diep niveau wordt bereikt waar kopers de markt weer opvangen.

Dit gebeurde bijvoorbeeld op 6 mei 2010 in de Amerikaanse index SP500. Binnen 6 minuten zakte de index met 6%. In de zusterindex Dow Jones industrial bedroeg dit zelfs meer dan 9%, wat tot en verlies van bijna 1000 punten leidde. Een eerder ongeziene gebeurtenis. Enkele aandelen verloren kort meer dan 99% van hun waarde.

De flash crash van 7 oktober 2016 in de Britse pond was al even spectaculair. Hier ging het om 10% tegenover de USD. De pond kon zich echter snel herstellen en het verlies terugbrengen tot 1,5%.

Bij de cryptovaluta ethereum verliep het nog extremer. Deze markt tuimelde op 21 juni 2017 binnen enkele minuten van 296 naar 13 USD om zich daarna volledig te herstellen.

De redenen voor dergelijk extreme gebeurtenissen kunnen uiteenlopend zijn. Feit is dat een financiële markt binnen korte tijd implodeert bij gebrek aan kopers of te veel verkopers.

Dergelijke gebeurtenissen zijn echter moeilijk of zelfs niet te voorspellen. Ze komen ook zo zelden voor dat het bijna onmogelijk is om ervan te profiteren.

Nu moet de "daling" niet altijd zo extreem zijn. Regelmatige uitschieters naar boven of beneden komen in elke markt voor en volgens mij bestaat er een methode om hier voordeel uit te halen. Juist wanneer een markt trendmatig zijwaarts gaat.

In plaats van slachtoffer te zijn van een dergelijke uitschieter (de overdrijving haalt het stop-loss order van de range traders uit de markt), zou de trader het heft in handen kunnen nemen en op deze uitschieters speculeren. In plaats van een limietkoop te plaatsen aan de ondersteuningslijn (of limietverkoop aan de weerstandslijn), zou hij inzetten op een uitschieter en een limietkoop plaatsen onder de ondersteuningslijn, in de hoop dat een kortstondige uitschieter het order uitvoert.

Dit soort order noemt men een "koopjeslimiet" omdat de trader niet tevreden is met de huidige prijs, maar goedkoper in de markt wil. De trader gaat als het ware onder de "koopjesjagers".

Nu was het nog nooit verkeerd, zoals altijd in het leven, om te proberen een betere prijs te krijgen voor iets dat eigenlijk meer waard is. In veel landen verwacht men zelfs dat je gaat afdingen en wordt dit in de praktijk aanvaard.

Ikzelf behoor als beursspeculant ook tot deze soort. Aangezien ik veel reis, beleef ik er vooral plezier aan om bijvoorbeeld voor vakantiewoningen nooit de prijs te betalen die de verhuurder voorstelt (deze prijs is toch meestal geïnflationeerd), maar zwaar onder de "marktprijs" te bieden.

Het is me ooit gelukt om een mooi appartement met zicht op zee in het centrum van Larnaca in Cyprus te huren voor 4 weken voor slechts 400 euro. Dit werd me toegezegd nadat eerst acht andere verhuurders hadden geweigerd (of geen antwoord gaven). Normaal gezien zou het appartement zo'n 1200 euro gekost hebben. Toen ik incheckte keek de sympathieke beheerder van het appartementsgebouw me aan met een blik van "hoe heb je dat klaargespeeld?" Zijn dochter had mijn aanbod online aanvaard en toen hij me de sleutel gaf, merkte ik duidelijk dat hij tandenknarsend dacht: "Eerste en laatste keer."

Feit was dat nog niet de helft van zijn appartementen verhuurd waren in de periode dat ik daar was. Hij had dus de keuze: koppig aan zijn prijs vasthouden of mijn 400 euro aannemen. Hij heeft gekozen voor de 400 euro.

Dit koopmansprincipe geldt natuurlijk voor alles in het leven. Op gebied van de beurs heb ik vaak de indruk dat sommige traders graag 1200 euro en zelfs nog wat meer betalen. Ze denken waarschijnlijk: als dat de catalogusprijs is, dan zal het wel kloppen.

Helaas is deze mentaliteit een dure grap. Vaak ondervinden deze traders, als dan hun stop-loss orders worden uitgevoerd en ze een verlies hebben gerealiseerd, dat dit precies gebeurde op de prijs waarop ze hun koopjeslimiet hadden moeten plaatsen. Kortom: de professionals hebben hen in hun onderbroek gezet.

Het afdingen lukt natuurlijk niet altijd, en de prijs blijft braaf boven de ondersteuningslijn. Ja, dan krijg je geen positie. Zo eenvoudig is het.

Sommige traders lijken er een probleem mee te hebben als ze geen positie hebben. Ze willen sowieso altijd en overal een positie hebben, koste wat het kost.

Mijn voorstel daarentegen is om wat gieriger te zijn en eerder een positie af te wijzen dan te duur te kopen. Ik weet dat dit niet bij iedereen in de smaak valt, maar het is meestal wel veel winstgevender. Als voorbeeld wil ik enkele "gierige" trades in de EUR/USD tonen.

Afbeelding 24: EUR/USD, 4-uurgrafiek, 19/05 tot 13/06/2017

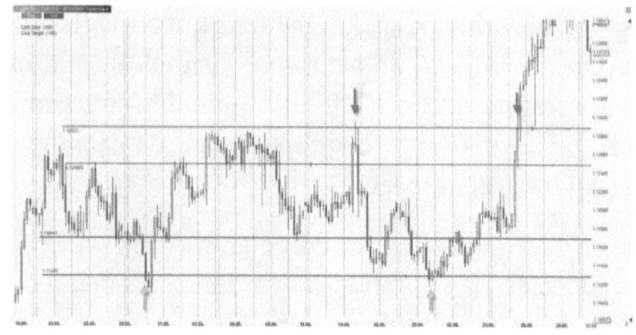

Misschien herken je de trading range niet op het eerste zicht (de twee binnenste blauwe lijnen). Ze waren in totaal goed voor een schommelingsbreedte van 80 pips in de EUR/USD. De rode bovenste en onderste lijn zijn de niveaus waarop ik de "koopjeslimieten" had geplaatst. Ik kies voor de koopjeslimieten meestal de helft van de range (in dit geval dus 40 pips). Dat is het niveau waarop bij trading ranges volgens mij de meeste "uitschieters" voorkomen.

Als je de basismethode had verhandeld, zou je in dit geval enkele keren eruit gegooid zijn. De koopjeslimiet werd vier keer uitgevoerd, twee koopposities (groene pijl onderaan) en twee verkoopposities (rode pijlen bovenaan).

Het koersdoel is net als bij de basismethode de tegenoverliggende grens van de range. Bij koopposities dus de bovengrens of weerstand. Bij verkoopposities de ondergrens of ondersteuning.

Dit is in drie van de vier gevallen heel goed gelukt. Enkel de tweede short werd eruit gegooid omdat de EUR/USD naar boven uitbrak. De stop-loss plaats ik dan net op de helft van de range onder de koopprijs (in dit geval 40 pips onder de koopjeslimiet). In dit geval hadden we dus:

3 winnende trades: 3 x 120 pips = 360 pips

1 verliezende trade 1 x   40 pips =   40 pips

Netto   320 pips

Afbeelding 25: EUR/USD, 4-uurgrafiek, 19/05 tot 13/06/2017 (basismethode)

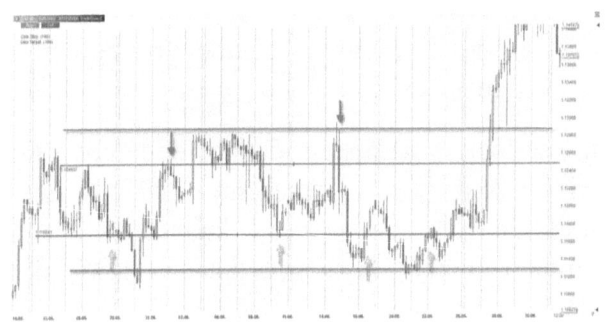

Als de trader met de basismethode had gehandeld, had hij 6 handelssignalen gekregen in plaats van 4. Vier long signalen en twee short signalen. Van de vier long signalen bereikten twee het koersdoel en twee werden eruit gegooid (onderste rode lijn). De twee short signalen leidden naar het koersdoel. Ook hier maken we de rekensom:

vier winnende trades: 4 x 80 pips = 320 pips

twee verliezende trades: 2 x 40 pips = 80 pips

Netto: 240 pips

Met dit resultaat was ik absoluut tevreden. Maar als je het vergelijkt met de koopjesmethode, moest je daarop inzetten omdat dat resultaat nog beter is uitgevallen. Bovendien had de koopjesmethode maar 4 trades nodig om een duidelijk beter resultaat te behalen en de kans-risicoverhouding is bij de koopjesmethode ook beter, namelijk 1:3.

Nadeel van de koopjesmethode is natuurlijk dat de trader niet altijd een uitvoering krijgt. De vraag is of dit echt een nadeel is, als je daardoor af en toe gespaard blijft van verliezende trades.

Ik kan me ook voorstellen dat ik sommige lezers in verwarring zou kunnen brengen met dit "koopjes alternatief". In ieder geval zou je je kunnen afvragen: wat is nu eigenlijk het beste? De basismethode of de koopjeslimiet methode?

Ik denk dat het antwoord haast filosofisch is. Welk soort handelsfilosofie verkies je? Een filosofie die de huidige prijs accepteert en erop inzet dat stop-loss, kans-risicoverhouding en slaagkans het zware werk voor jou doen?

Of eerder de "gierigaard filosofie" die erop inzet dat de markt je af en toe een korting geeft waarbij je pas toeslaat. Gierigaards moeten natuurlijk geduldige traders zijn, want de korting kan lang op zich laten wachten of zelfs helemaal niet voorkomen.

Het zou mogelijk zijn om beide methoden met elkaar te combineren. In dat geval zou je de ondersteuning en weerstand zonder meer verhandelen, maar gelijktijdig een extra koopjeslimiet plaatsen voor het geval dat de markt af en toe een uitschieter tot stand brengt.

De combinatie van beide methoden leidt natuurlijk tot meer trades. Als je bij de basismethode eruit wordt gegooid, dan krijg je af en toe een tweede kans, dankzij de koopjeslimiet.

B. Fakes

De fake (valse uitbraak) kan je zien als een variant van de koopjeslimiet, hoewel het hier toch om iets anders gaat. Een fake is niets anders dan een misleidende truc die enkele spelers in een markt op touw zetten. In range markten komen ze vaker voor, omdat hier de liquiditeit van nature uit lager is dan anders. Ze zijn dus vrij eenvoudig in scène te zetten. Een voorbeeld kan dit fenomeen verduidelijken.

Afbeelding 26: GBP/USD, uurgrafiek, 20/04 - 23/04/2017

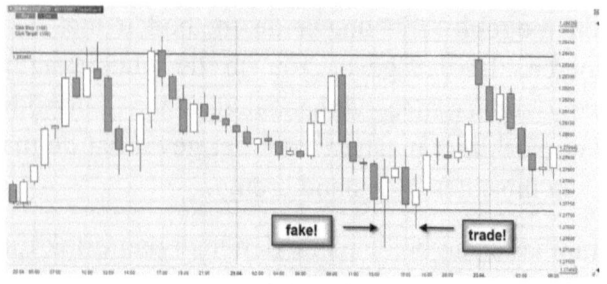

Op 21 april 2017 daalde de markt kort onder de range (fake) om dan binnen hetzelfde uur weer terug te keren naar de range. Zoiets gebeurt vaak en biedt de ervaren range trader een opportuniteit. In elk geval gaat het er niet om de fake zelf te proberen verhandelen. Als deze zich voordoet, kan de trader natuurlijk een limietkoop aan de ondersteuningslijn plaatsen. De waarschijnlijkheid dat het order wordt uitgevoerd is op dat moment meestal hoog.

De trader kan echter proberen om wat lager een limit order in te zetten, bijvoorbeeld op 50 % van de hoogte van de fake kaars. Meestal komt één fake kaars niet alleen. Vaak zie je meer activiteit rond de fake kaars, zoals hier in het voorbeeld in de GBP/USD. In dit geval was er twee uur later nog een kleinere fake kaars, die het wachtende order net onder de ondersteuningslijn uitvoerde.

Als dit lukt, komt de trader meestal aan een gunstigere koers in de markt. Het koersdoel van deze trade werd in dit geval pas na het weekend, dus bij het heropenen op zondagavond (23.00u MET) bereikt.

Fakes behoren in mijn ogen tot de meest winstgevende patronen in de huidige markten. Vaak zal je vaststellen dat belangrijke bewegingen in de markt beginnen met een fake. Eerst gaat de markt dus in de verkeerde richting voordat de eigenlijk move komt. Het lijkt er dus op dat marktspelers nog één keer heel gunstige prijzen in de markt willen voordat ze de prijs naar boven drijven (of naar onder bij een dalende trend).

Als je je interesseert in het thema fake trading, dan raad ik je het tweede deel van mijn boek aan: "Swingtrading met de 4-uurgrafiek". In het boek "Trade the fake" ga ik uitvoerig in op het thema en toon ik aan de hand van verschillende voorbeelden hoe je een erg winstgevende strategie kan ontwikkelen, die uitsluitend gebaseerd is op fakes.

11. Trendkanalen (channel trading)

Range trading wordt onder traders meestal beschouwd als een variant van het ruimere "channel trading". Wat wordt daarmee bedoeld?

Onder channel trading verstaat men elk soort trading waarbij twee equidistante lijnen (met gelijke afstand) een weerstandsbereik en een ondersteuningsbereik aanduiden. De equidistante lijnen kunnen horizontaal verlopen zoals we tot nu toe hebben gezien bij range trading. Maar ze kunnen ook stijgend of dalend zijn. Onder deze vorm geven ze natuurlijk een soort trendgedrag weer en daarom spreekt men ook graag van een trendkanaal.

Veel handelsplatformen hebben al tools voor het automatisch tekenen van trendkanalen. Als je opmerkelijke lows met elkaar kan verbinden in een trend, wordt de weerstandslijn automatisch equidistant meegetekend. Meestal moet de trader dan enkel nog een kleine aanpassing doen om het tekeninstrument aan de highs of de lows van het trendkanaal aan te passen.

Dan kom je tot de verbazingwekkende ontdekking dat trendkanalen veel vaker voorkomen dan je zou vermoeden. Bovendien lijken de marktspelers zich meestal aan de aanrakingen van het trendkanaal te houden. Daarom ben ik van mening dat ook *channel trading* of het handelen met trendkanalen beslist behoort tot het repertoire van een range trader. Horizontale ranges zijn wel op het eerste zich eenvoudiger te herkennen of misschien ook makkelijker te verhandelen, maar ze komen helaas niet zo vaak voor als trendkanalen.

Afbeelding 27: AUD/USD, uurgrafiek, 07/02 tot 28/02/2017

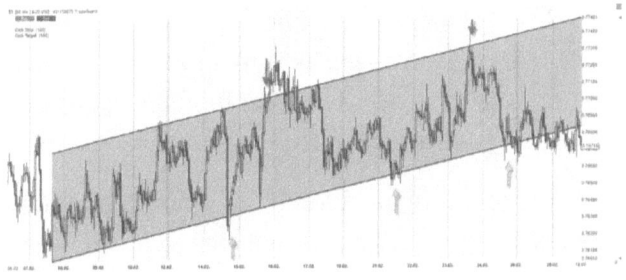

In deze uurgrafiek van het valutapaar AUD/USD was er een trendkanaal dat misschien op het eerste zich helemaal niet zo vanzelfsprekend leek. De hogere lows, die de onderkant van het kanaal vormden, tekenden een zacht stijgende trend in de markt af.

Het verhandelen van trendkanalen is in vergelijking met range trading iets moeilijker, omdat het koersdoel niet exact kan worden bepaald. Het principe is hetzelfde als bij range trading. Er wordt gekocht aan de ondersteuningslijn met als koersdoel de weerstandslijn.

Als de lijnen horizontaal lopen, is het bepalen van het koersdoel natuurlijk eenvoudig. Lopen de lijnen equidistant, maar stijgend, dan kan de trader bij de entry niet weten op welke plaats de markt de bovengrens van het kanaal zal bereiken. Hij kan het wel inschatten, maar zeker is deze inschatting in geen geval. In bepaalde omstandigheden kan de markt er langer over doen om het koersdoel te behalen. Dat betekent natuurlijk dat je niet met bracket orders kan werken. De exit moet manueel worden uitgevoerd.

Om dit gebrek te voorkomen, zou de trader toch met een take-profit order kunnen werken en deze "ambitieus" plaatsen, dus wat hoger dan zijn inschatting van de prijs waarop de markt de bovengrens van het kanaal zal bereiken. Zodra de trade zich in zijn voordeel begint te bewegen, kan hij het take-profit order natuurlijk manueel aanpassen.

In het voorbeeld op afbeelding 27 waren in totaal vijf verhandelbare signalen, drie long signalen en twee short signalen. De eerste twee long trades bereikten het koersdoel. De derde trade moest op een bepaald moment omwille van de trendloosheid uit de markt gehaald worden, ofwel met een klein verlies ofwel break-even.

De eerste short trade eindigde volgens de plaatsing van de stop in een verlies of bereikte het koersdoel. Wat de stops betreft ga ik precies zo te werk als bij range trading. Ik plaats de stop op 50% van de range van het kanaal. In dit geval lag de schommelingsbreedte op 63 pips. De stop lag dus op 32 pips van de entry. De tweede short positie bereikte het koersdoel.

Om de setup duidelijk te maken stel ik hier nog een keer een trade in het valutapaar USD/CAD voor:

Afbeelding 28: USD/CAD, daggrafiek, 9/10/2016 tot 21/12/2016

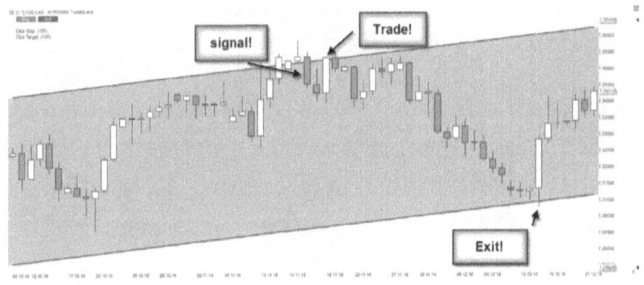

In de daggrafiek bereikte het paar op 11/11/2016 de bovengrens van het trendkanaal en sloot boven het kanaal. Het paar bleef dan twee handelsdagen boven de bovengrens van het kanaal. Weliswaar vormde de kaars van de tweede dag een omkeerkaars. Dit was een eerste aanwijzing dat de "uitbraak" boven het kanaal vermoedelijk zou mislukken, wat dan ook de volgende dag gebeurde met de rode kaars (signaal, pijl links bovenaan). Deze kaars vormde het short signaal. Pas dan kon de trader een limit-sell order plaatsen met als koersdoel de ondersteuningslijn van het kanaal. Dit order werd echter niet op dezelfde dag uitgevoerd, maar pas de volgende dag, toen het paar de bovengrens nog een keer aanviel met een witte kaars (op 17/11/2016).

Het koersdoel werd dan bereikt op 14/12/2016 (pijl onderaan). De trade was goed voor 450 pips.

Moet je altijd handelen in de richting van de trend als je trendkanalen verhandelt? Het antwoord lijkt voor de hand te liggen: ja. Maar dit strookt niet met mijn ervaring. Zoals bovenstaand voorbeeld aangeeft, was de trend in USD/CAD stijgend. Toch kon je met een short veel geld verdienen. Trendkanalen hebben hun naam niet gestolen: de koers blijft binnen een kanaal. Dat betekent dus dat de kansen aan beide kanten liggen.

Dat geldt trouwens ook voor de uitbraak uit het trendkanaal die op een bepaald moment komt en het kanaal beëindigd. Deze uitbraak kan verlopen in de richting die het trendkanaal aangeeft. Maar heel vaak gebeurt net het tegendeel. Daarom moet je ook niet op deze of een andere uitkomst speculeren, maar net dit doen: het kanaal verhandelen en verder niets.

Psychologisch gezien is dit misschien wel het grootste voordeel van range trading en trendkanaal trading: entry, stop en koersdoel zijn duidelijk gedefinieerd.

Uit ervaring heb ik geleerd dat veel beginnende traders in bepaalde omstandigheden maanden, soms zelfs jaren bezig zijn om uit te zoeken wanneer ze moeten kopen (of verkopen), waar de stop moet staan en wanneer ze de trade het best beëindigen. Kan ik hier nog benadrukken dat dergelijke vragen zijn wat ze zijn: beginnersvragen.

Het voordeel van range trading is niet min: al deze vragen vallen van in het begin weg, want de range beantwoordt deze vragen zelf.

12. Wat echt belangrijk is

Met welke vragen moet een trader zich dan bezighouden, als het niet de (schijnbaar) belangrijke vragen zijn, namelijk de entry, stop en exit? Mijn antwoord daarop luidt: met de eigenlijk belangrijke vragen die een trading business met zich meebrengt, namelijk:

1. Wat is de gemiddelde winst van mijn winnende trades?
2. Wat is het gemiddelde verlies van mijn verliezende trades?
3. Hoe hoog (of laag) is de slaagkans van mijn systeem?
4. Hoe hoog is de payoff ratio (de verhouding tussen de gemiddelde winst en het gemiddelde verlies)?
5. En ten slotte: hoeveel winst kan ik verwachten bij elke trade die ik aanga? Hoe hoog is de expectancy?

Ik heb deze vijf parameters die doorslaggevend zijn voor de winstgevendheid van een handelsstrategie uitvoerig behandeld in het derde deel van mijn scalping reeks "Scalpen is leuk!". Ik heb hier een vrouwelijke trader voorgesteld, Jenny, die ik 12 weken lang heb begeleid. Het boek houdt zich uitsluitend bezig met de vijf vragen die hierboven werden vermeld.

Als trader verdien je geld als het antwoord op vraag vijf positief is, namelijk: kan de trader bij elke trade die hij aangaat statistisch gezien een positief resultaat verwachten? Niet bij elke trade, maar gemiddeld? De vier andere vragen hebben dan betrekking op de omvang van deze verwachting.

En natuurlijk kan een handelssysteem zo worden geoptimaliseerd dat de profitabiliteit toeneemt. Hoe je dit concreet kan doen, heb ik proberen demonstreren aan de hand van de scalping strategie van Jenny.

Met de range en channel strategie hebben traders het grote voordeel dat ze zich direct met de vijf belangrijkste vragen van trading kunnen bezighouden. Met andere woorden: de kans bestaat hier dat de leercurve van een dergelijke trader sneller kan verlopen dan gewoonlijk het geval is.

Nu zouden sommige van mijn lezers zich kunnen gaan afvragen of range trading gecombineerd kan worden met mijn Heikin Ashi scalping systeem. Het antwoord: het is speciaal daarvoor ontwikkeld!

De Heikin Ashi countertrend scalping functioneert haast nergens beter dan wanneer je het principe van ondersteuning en weerstand in een range (of een channel) in je voordeel gebruikt. Hier nogmaals het voorbeeld uit juni 2017 in de FDAX (zie ook afbeelding 23).

Afbeelding 28, FDAX, uurgrafiek, 1 juni tot 22 juni 2017

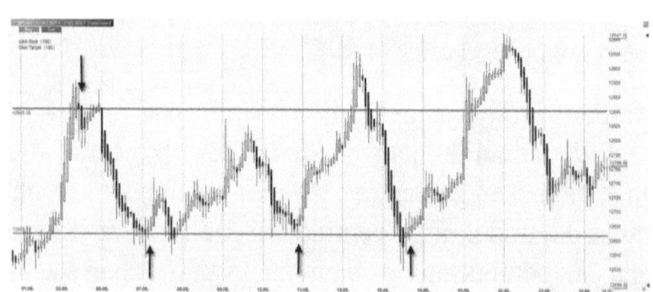

In dit voorbeeld had een Heikin Ashi trader die zich specialiseert in trading ranges vier goed verhandelbare signalen (pijlen op de grafiek). Natuurlijk schiet de koers al eens over het doel uit zoals de twee valse uitbraken boven de bovengrens van de range (rechts op de grafiek) duidelijk weergeven. Maar juist hier had een opportunistische trader, die werkt met koopjeslimieten, pas echt kunnen profiteren. Wie hier tweemaal short was gegaan van zodra de kleur van de Heikin Ashi kaarsen veranderde van groen naar rood, had een nog grotere winst binnengehaald dan wanneer gewoon de range zelf werd verhandeld.

Het inzetten van Heikin Ashi kaarsen kan de range trading beslist een extra boost geven. Op het moment dat de kleur verandert aan de ondersteuningslijn of aan de weerstandslijn, is dit een extra bevestiging voor de trader. Daardoor is het handelssignaal sterker. Als de verandering van kleur buiten de range gebeurt, krijgt de trader vaak nog betere signalen.

13. Range trading voor daytraders en scalpers

Nadat ik veel over range trading op de uurgrafiek en 4-uurgrafiek heb geschreven, rijst de vraag of de genoemde strategieën ook in kortere tijdsbestekken kunnen worden verhandeld. Met andere woorden: kunnen ook daytraders en zelfs scalpers van deze methode profiteren?

Hierop kan ik volmondig met ja antwoorden. Het is een eigenschap van financiële markten dat de manier waarop ze zich opbouwen en de patronen die zich steeds weer ontwikkelen, in elk tijdsbestek verhandeld kunnen worden. Het is dan ook van groot belang dat traders die zich met kleinere tijdsbestekken bezighouden, de grotere timeframes niet uit het oog verliezen. Want het zijn de spelers in de grotere tijdsbestekken die uiteindelijk de markt bewegen. Om dit weer te geven, kijken we nog eens naar de uurgrafiek van de DAX futures van 3 tot 21 juli 2017.

Afbeelding 30: FDAX, uurgrafiek, 3 tot 21 juli 2017

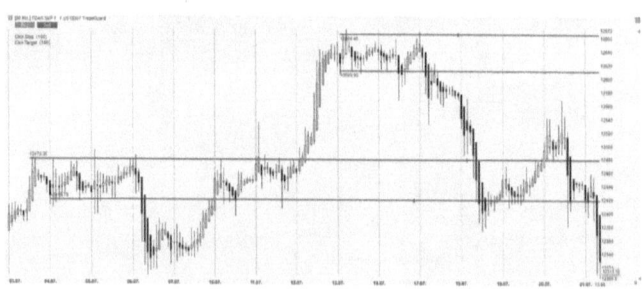

Deze grafiek toont nogmaals dat de markt zich vooral in de "zijwaartse modus" bevindt, terwijl trendfasen eerder kort zijn. Natuurlijk zijn er uitzonderingen waarbij markten enkele weken of zelfs een tot twee maanden kunnen stijgen (of dalen). Vaak zal je dan ondervinden dat ze na een dergelijke beweging maandenlang trendloos consolideren. Daarom moeten we ons juist met deze "trendloze fasen" bezighouden.

Nog een interessant fenomeen dat je uit bovenstaande grafiek kan halen is dat de markt graag eens gevestigde ranges opnieuw opzoekt, ook nadat ze al enkele dagen (of weken) in het verleden liggen. Dat kan je links op de grafiek zien, waar de DAX op 6 en 7 juli de range verlaat, om deze dan na het weekend van 10 juli weer te bereiken (en te respecteren!).

Dan volgde een stijgende rally (op 12 juli) waarna de DAX weer twee dagen zijwaarts ging (13 tot 14 juli). Daarop was er een dalende beweging op 17 en 18 juli, die de DAX weer precies in de range van 4 tot 6 juli bracht, alsof er niets was gebeurd.

Een daytrader die af en toe de uurgrafiek had bekeken, zou dit niet zijn ontgaan. Hij zou tenminste al aanknopingspunten hebben voor de highs en lows van deze handelsdag.

Een dergelijke herneming van oude ranges valt veel vaker voor dan je zou vermoeden. Markten kunnen zich in bepaalde omstandigheden weken later aan een zijwaartse range "herinneren", in extreme gevallen een tot twee maanden later.

Wie dus zijn "daytrading markt" wat beter wil leren kennen, raad ik aan om effectief het gebeuren op een uurgrafiek en ook op een 4-uurgrafiek te bekijken. Je zal verwonderlijke coïncidenties vaststellen die je kunnen helpen bij het bepalen van een eventueel keerpunt. Als je daarbij dan ook nog instrumenten gebruikt als Heikin Ashi grafieken, dan is de kans groot dat je exacte entries (en exits) kan identificeren op een 5-minutengrafiek. Dit is een van de populairste tijdsbestekken onder daytraders. Daarom bekijken we de intraday grafiek van 5 juli 2017.

Afbeelding 31: FDAX, 5-minutengrafiek, 5 juli 2017

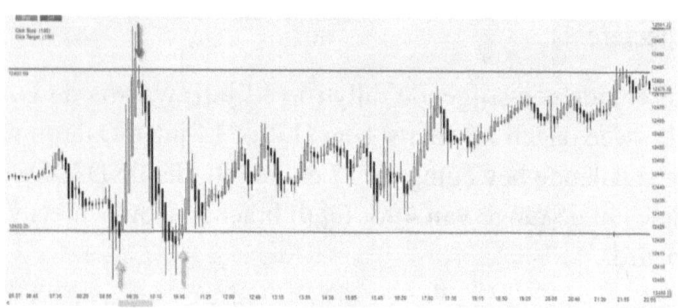

Nadat op 3 en 4 juli een zijwaartse range werd opgezet van zo'n 60 DAX-punten breed, kon nu ook een daytrader van dit gegeven profiteren en het gebeuren aan beide grenzen van de range (horizontale lijnen) bekijken.

Op de 5-minutengrafiek zien we dat de FDAX zich kort voor het openen van de aandelenbeurs in Frankfurt (9.00u MET) aan de ondergrens van de range bevond. Eerst zakte hij wel even onder de ondersteuning, maar geen van deze pogingen van de verkopers kon aanhouden. De slotprijzen van de kaarsen bleven boven de ondergrens. Dit is natuurlijk een eerste aanwijzing voor een daytrader dat de markt in de andere richting kan draaien. Het doel van een mogelijke stijgende beweging zou dan de bovengrens van de range zijn, dus 60 DAX-punten hoger. Enkele minuten later (kort na de opening in Frankfurt) kwam deze beweging dan ook en behaalde al na 20 minuten het koersdoel.

De markt schoot boven het doel uit en deed een poging tot "een uitbraak", die net als een half uur voordien ook nu weer uitdraaide op een "false breakout". Ook dit is weer belangrijke informatie voor de daytrader, dat de range wellicht zal blijven bestaan. Natuurlijk kan je nooit zeker zijn. Maar nadat de Heikin Ashi kaarsen twee vergeefse pogingen toonden om de weerstand te overwinnen, kon aan de weerstandslijn een short positie geopend worden met als doel de ondergrens (rode pijl bovenaan). Ook dit idee bleek winstgevend, want een half uur later was de DAX weer terug op het punt waar hij gestart was bij de opening van de markt (aan de ondersteuningslijn).

En het bleef spannend. Want de verkopers probeerden een tweede keer de FDAX onder de range te drukken, wat weer niet lukte. Ook dit is weer een aanwijzing die een daytrader kon gebruiken om aan de ondersteuningslijn opnieuw een poging te wagen met een long positie. Deze inschatting bleek dan wel juist te zijn, maar zoals je kan zien, bereikte de FDAX het koersdoel niet zo snel als bij de eerste twee keren.

Het duurde tot het sluiten van de handel (22.00u MET) tot de FDAX eindelijk de bovengrens bereikte. Dus kon een trader in principe drie keer 60 punten realiseren in de FDAX, wat overeenkomt met 4500 euro per verhandeld contract.

In de praktijk weet ik dat dergelijke (erg vertraagde) koersdoelen in daytrading slechts met moeite behaald kunnen worden. Tenslotte wil de trader ook graag even pauzeren. Je kan ze nochtans verhandelen als je meer dan 1 contract verhandelt. Als de FDAX te duur is, kan je nog steeds uitwijken naar de nieuw ingevoerde mini-DAX future. Zoals je kan zien, bewoog de markt voor de rest van de dag binnen de range. Voor dergelijke gevallen raad ik de scaling-out techniek aan. Als de trader long is met 3 contracten, kan hij een eerste contract verkopen tegen de middag, een tweede na het openen van de Amerikaanse markten en het derde open laten met een stop op break-even.

Afbeelding 32: EUR/USD, 1-minuutgrafiek, 21 juli 2017

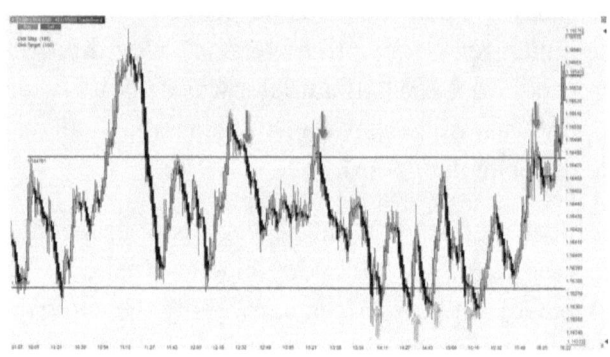

Ook **scalpers** halen financieel voordeel uit range trading. Ik zou zelfs zeggen dat scalping hier bijzonder goed werkt, omdat de range "het speelveld" duidelijk aangeeft, zoals je kan zien op bovenstaande 1-minuutgrafiek in de EUR/USD. De range was in dit geval amper 10 pips breed. Ik raad aan om dergelijk smalle ranges enkel te verhandelen als je over uitstekende voorwaarden in de forex beschikt. Wie een spread van 1 pip betaalt, betaalt in wezen al 10% van de range en kan het zwaar te verduren krijgen om deze winstgevend te verhandelen.

Maar als je slechts 0,2 of 0,3 pips betaalt, kan een dergelijke range scalping winstgevend zijn, zoals de signalen op de grafiek duidelijk aantonen. Van de zeven signalen leidde enkel het derde short signaal (rode pijl bovenaan rechts) tot verlies. Hier slaagde de EUR/USD in de uitbraak uit de range.

Bij de andere signalen kon een goede scalper winst binnenhalen. In elk geval kan je in dit voorbeeld duidelijk zien dat meerdere trades het koersdoel niet behaalden. Slechts bij twee trades kwam de EUR/USD aan het andere eind van de range.

Daarom moeten we ook duidelijk zeggen dat scalpen een totaal ander spel is dan daytrading of swingtrading. Scalpers *moeten* leren om snelle winsten mee te nemen. We zien bijvoorbeeld bij de vier long signalen (groene pijlen onderaan rechts) dat de markt in alle gevallen de helft van de range behaalde. Ofwel kleurden de Heikin Ashi kaarsen zwart en zakten snel weer terug of ze consolideerden een beetje, zoals het geval was bij het eerste koopsignaal (pijl links).

Ook als het koersdoel de bovengrens van de range was, moest de scalper hier proberen de winst te realiseren. Als de markt hem 5 pips geeft, dan moet hij er vijf nemen. Als de markt hem er drie geeft, dan neemt hij er drie. Optimistisch bekeken haalt een goede scalper 15 tot 20 pips uit een dergelijke markt. Ik hoef je niet meer te vertellen dat als je dat met een of twee minilots doet ($10.000), je hiermee niet je brood kan verdienen.

In ieder geval zijn de risico's hier bij elke positie heel overzichtelijk. Als de scalper slechts de helft van de range (5 pips) riskeert, zet hij per verhandeld standaardlot ($100.000) ook maar net $50 op het spel. Professionele scalpers handelen bij dergelijke minibewegingen graag eens met enkele miljoenen. Als een dergelijke scalper 10 pips realiseert met 10 standaardlots, dan boekt hij die dag hij $1000 winst. Dat lijkt al meer op een broodwinning.

Denk er ook aan dat bovengenoemde scaling-out technieken voor scalpers meestal niet werken. Scalpen betekent snel een klein stukje uit de marktbeweging meepikken. Neem wat de markt je biedt en ga dan met het geld lopen. Ook als de markt na je exit nog 10 punten in jouw richting beweegt. Je kan maar zelden de volledige beweging meenemen.

Afbeelding 33: EUR/CHF, 3-minutengrafiek, 21 juli 2017

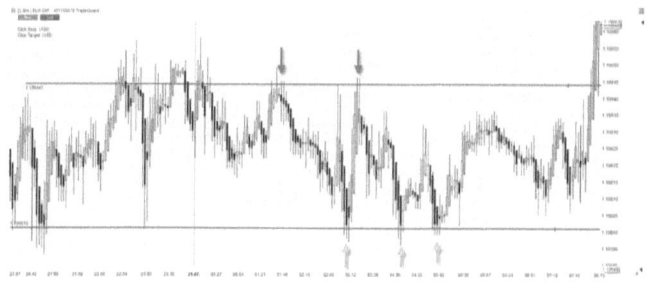

Een heel bijzondere scalping markt zijn de zogenaamde "nachtmarkten in de forex". Met "nacht" bedoelen we hier natuurlijk in de eerste plaats de Europese nacht en de VS-Amerikaanse avond. Dat is een tijd waarin de volatiliteit in de valutahandel het laagst is, en soms is het de moeite waard om een blik te werpen op de valutaparen die sowieso al een lage volatiliteit vertonen, zoals de EUR/CHF of EUR/GBP.

Vaak bewegen deze markten in zo kleine ranges dat ze deze amper of niet verlaten, zoals bovenstaand voorbeeld in de EUR/CHF weergeeft. Deze range was amper 4,5 pips breed. Zoiets is voor de meeste traders natuurlijk niet bespreekbaar, maar ervaren scalpers met heel goede marktvoorwaarden kunnen zeker met een dergelijke markt aan de slag. Tenslotte waren er in dit voorbeeld in een tijdsspanne van 4 uur vijf signalen, waarvan drie het koersdoel behaalden.

Jazeker: zoiets is natuurlijk voor heel gespecialiseerde mensen, die met grote posities (vanaf $ 1.000.000) in de markt handelen. En als je Europeaan bent, moet je op zijn minst een "nachtmens" zijn om in het midden van de nacht een koopje te doen in de Zwitserse Frank. Voor Amerikanen is dit een mooie avondactiviteit. Dus beslist iets waar beroepsmatige traders zich aan kunnen wagen.

Verklarende woordenlijst

Aandelenindex: cijfer voor de koersontwikkeling van de aandelenmarkt in zijn geheel of afzonderlijke aandelengroepen (bijvoorbeeld AEX)

AUD/USD: valutaverhouding tussen de Australische dollar en de US dollar

Bracket order: Met een bracket order kan de trader vooraf zijn verlies beperken en de grootte van de potentiële winst vastleggen

Break-even: Engels voor winstdrempel

Broker: (Engels voor beursmakelaar): financieel onderneming gespecialiseerd in transacties van waardepapieren voor beleggers

Candlestick: voorstelling van een koerswijziging op basis van een Japanse analysetechniek

Commissies: kosten die ontstaan bij aan- en verkoop van waardepapieren of termijncontracten

DAX: Duitse aandelenindex (30 grootste Duitse concerns)

Daytrading: daytrading is de speculatieve handel op korte termijn met waardepapieren. Hierbij worden posities binnen dezelfde handelsdag geopend en weer gesloten, met als doel voordeel te halen uit kleine koersschommelingen

Doji: candlestickformatie waarbij de openings- en sluitkoers op dezelfde hoogte liggen.

Drawdown: verliezen die kunnen ontstaan binnen een bepaalde periode uitgaande van de hoogste stand

E-mini future: future contract op de Amerikaanse index SP500

Entrystrategie: een strategie die het instappen in de markt bepaalt

EUR/CHF: valutaverhouding tussen de euro en de Zwitserse frank

EUR/GBP: valutaverhouding tussen de euro en de Britse pond

EUR/JPY: valutaverhouding tussen de euro en de Japanse yen

EUR/USD: valutaverhouding tussen de euro en de US dollar

Eurostoxx50 future: future op de aandelenindex die 50 grote beursgenoteerde ondernemingen van de Eurozone omvat

Exit-strategie: een strategie die het uitstappen uit de markt bepaalt

FDAX: de DAX-future is een termijnhandel op de Duitse aandelenindex (DAX)

Forex: forex exchange market, internationale deviezenmarkt

Futures: termijncontract. Gestandaardiseerd contract over de koop of verkoop van een bepaalde hoeveelheid van een waarde, aan een vastgelegde prijs, op een bepaalde datum

Gap: opening in de koers tussen twee handelsdagen

GBP/JPY: valutaverhouding tussen de Britse pond en de Japanse yen

GBP/USD: valutaverhouding tussen de Britse pond en de US dollar

Heikin Ashi grafiek: Japans: "op een voet balanceren". Japanse weergave van koersveranderingen

Kans-risicoverhouding (KRV): de KRV doet dienst als indicator voor het nut van een belegging. Ze wordt berekend door de verwachte opbrengst te delen door het grootst mogelijke verlies (stop-loss)

Koersdoel: beurskoers die een waardepapier moet bereiken op basis van een analyse

Leercurve: geeft in de trading de succesgraad van het leren weer in de loop van de tijd

Limit order: order met vastgelegde prijs en/of vastgelegde tijd voor de uitvoering ervan.

Liquiditeit: geeft in de beurshandel weer in welke mate een waardepapier te allen tijde gekocht of verkocht kan worden

Long: long gaan betekent dat je bestanden van waardepapieren koopt en dus in je bezit krijgt

Lot: een lot is de handelseenheid bij deviezenhandel (forex) en in futuresmarkten. Bij forex staat een lot bij normale contracten voor 100.000 eenheden van de eerstgenoemde munteenheid (basis), dus bij het valutapaar EUR/USD staat 1 lot voor 100.000 euro.

Moneymanagement: onder moneymanagement verstaat men een waardebeveiligingsstrategie die erop doelt het risico van een portfolio van waardepapieren aan te sturen door het vastleggen van de grootte van afzonderlijke handelsposities

Obligaties: rentedragend waardepapier (Engels: bond).

Omkeerkaars: bij een omkeerkaars (ook omkeerstaaf, Engels: pin bar) wordt een eerder aangegane koersbeweging in een richting beëindigd en een nieuwe koersbeweging in de tegenovergestelde richting ingeleid

Ondersteuning: prijsniveau waarop meer kopers opduiken.

Pip: Engels : percentage in point, kleinste wijziging in de prijs in deviezenhandel

Rentebeslissing: beschrijft een gebeurtenis waarbij centrale banken de beslissing over het verdere verloop van basisrente prijsgeven

Risicomanagement: omvat alle maatregelen voor het systematisch beslissen, analyseren, beoordelen, observeren en controleren van de risico's

Roundturn: afgesloten transactie waarbij een waardepapier werd aangekocht en weer verkocht

Scalping: handelstechniek waarbij de trader probeert minimale bewegingen in de markt te verhandelen

Short positie: een trader gaat short wanneer hij een positie verkoopt zonder deze te bezitten (leegverkoop)

Short signaal: handelssignaal dat aanleiding geeft tot shortselling

Slaagkans: de slaagkans geeft de verhouding weer tussen winnende en verliezende trades

Slippage: het verschil tussen de geschatte en daadwerkelijke prijs bij aankoop van waardepapieren

Spinning top: grafiekpatroon met een klein lichaam en lange schaduwen.

Spread: verschil tussen aan- en verkoopprijs

S&P 500 (Standard & Poor's 500): Aandelenindex die de aandelen van 500 van de grootste beursgenoteerde Amerikaanse ondernemingen omvat

Stop-loss order: verkoopopdracht die best wordt uitgevoerd van zodra een bepaalde koers wordt bereikt

Take profit order: geautomatiseerd beursorder dat wordt uitgevoerd van zodra een vooraf bepaald koesdoel is bereikt

Tic: kleinste prijswijziging op een future markt

Tijdstop: dit order sluit een positie automatisch af na een vooraf vastgelegd aantal perioden

T-Note future: future op de Amerikaanse staatsleningen met looptijden van 2, 3, 5, 7 en 10 jaar

Trailingstop: automatisch bijgetrokken stop-loss order

Trendfollowing: handelsstrategie die inzet op het volgen van een geïdentificeerde trend

USD/CAD: valutaverhouding tussen de US dollar en de Canadese dollar

USD/CHF: valutaverhouding tussen de US dollar en de Zwitserse frank

USD/JPY: valutaverhouding tussen de US dollar en de Japanse yen

Verwachtingscijfer (expectancy): cijfer dat het gemiddelde vormt van de winst bij een onbeperkte herhaling van de aan de grondslag liggende strategie

Volatiliteit: standaardafwijking. Geeft aan hoe sterk een koers schommelt

Weerstand: prijsniveau waarop meer verkopers opduiken.

Andere boeken van Heikin Ashi Trader

Hoe begin ik met 500 euro een trading-business?

Veel traders hebben in het begin maar weinig geld beschikbaar voor het traden. Maar dit hoeft geen obstakel te zijn om toch een trader-carrière in overweging te nemen. Het gaat er in dit boek niet om hoe je van 500 euro 500.000 euro kunt maken. Het zijn juist de overdreven rendementsverwachtingen die de meeste beginners ontsporen.

In plaats daarvan laat de auteur op een realistische manier zien hoe je met een klein startkapitaal een fulltime trader kunt worden. En dit geldt zowel voor traders die particulier willen blijven als degenen die uiteindelijk met geld van cliënten willen handelen.

Dit boek toont stap voor stap hoe je dat moet doen. Bovendien is er voor elke stap een concreet actieplan. Iedereen kan in principe trader worden, als hij bereid is om te leren hoe deze business echt werkt.

Inhoudsopgave

Hoe scalp ik de mini-DAX future?

Dankzij het invoeren van de mini-DAX futures (afkorting: FDXM) kunnen particuliere beleggers met kleinere rekeningen nu ook de Duitse index DAX scalpen aan professionele voorwaarden. In tegenstelling tot de meeste andere handelsinstrumenten zijn futures de meest transparante en meest gunstige mogelijkheid om op de financiële markt geld te verdienen.

Scalpers hebben oneindig veel meer handelskansen dan positietraders of daytraders, wat dus het sterke punt van deze handelsstijl is. Een scalper kan zijn kapitaal dan ook veel efficiënter beheren dan alle andere marktdeelnemers en kan dan ook een veel groter rendement behalen dan anders het geval zou zijn.

De Heikin Ashi trader toont in dit boek hoe je deze nieuwe future op DAX succesvol kan scalpen. Je leert hoe je in de markt stapt, hoe je je positie beheert en wanneer je weer moet uitstappen. Bovendien bevat het boek heel wat tips en tools om je eigen trading nog efficiënter en preciezer te laten verlopen.

Inhoudsopgave

Over de schrijver

Heikin Ashi Trader wordt wereldwijd gezien als de specialist in scalping met de Heikin Ashi grafiek. Hij handelt al 19 jaar op deze manier. Hij werkte voor een hedgefonds en ging daarna op eigen houtje Zijn scalpingboek "Scalpen is leuk!" is een internationale bestseller en werd meer dan 30.000 keer verkocht. Meer informatie over zijn scalpingmethode vindt u op zijn website: www.heikinashitrader.net.

Colofon

1ste druk 2019

Published by:
Dao Press is an imprint of

Splendid Island, Ltd

Scanbox#05927

Ehrenbergstr 16A

10245 Berlijn - Duitsland

www.ingramcontent.com/pod-product-compliance
Lightning Source LLC
Chambersburg PA
CBHW030848180526
45163CB00004B/1495